KURZE EINFÜHRUNGEN
IN DIE GERMANISTISCHE LINGUISTIK

Band 1

Herausgegeben von
Jörg Meibauer
und
Markus Steinbach

NANNA FUHRHOP

Orthografie

Dritte, aktualisierte Auflage

Universitätsverlag
WINTER
Heidelberg

Bibliografische Information Der Deutschen Bibliothek

Die Deutsche Bibliothek verzeichnet diese Publikation
in der Deutschen Nationalbibliografie;
detaillierte bibliografische Daten sind im Internet
über *http://dnb.d-nb.de* abrufbar.

Prof. Dr. NANNA FUHRHOP
hat eine Professur ›Deutsche Sprache unter Einschluss
von Sprachtheorie und Sprachgeschichte‹
an der Carl von Ossietzky Universität Oldenburg.

ISBN 978-3-8253-5222-6
3. Auflage 2009

© 2005, 2006, 2009 Universitätsverlag Winter GmbH Heidelberg
Imprimé en Allemagne · Printed in Germany
Druck: Memminger MedienCentrum, 87700 Memmingen

Gedruckt auf umweltfreundlichem, chlorfrei gebleichtem
und alterungsbeständigem Papier

Den Verlag erreichen Sie im Internet unter:
www.winter-verlag-hd.de

www.kegli-online.de

Vorwort zur dritten Auflage

Nach drei Jahren liegt die dritte Auflage dieses Lehrbuchs vor. Es ist erfreulich, dass die Schreibung als grammatisches Teilthema inzwischen ernst genommen wird und weniger die Norm als vielmehr das System in den Blick genommen wird. Unverändert gilt, dass diese Einführung in die Orthografie als Grundlage für universitäre Lehrveranstaltungen gedacht und daneben auch zum Selbststudium geeignet ist. Jedes Kapitel endet mit einer Reihe von Aufgaben. Lösungsvorschläge sind im Internet unter **www.kegli-online.de** veröffentlicht. Nach jedem Kapitel werden Angaben zu ausgewählter weiterführender Literatur gemacht.

Inzwischen ist die Reihe KEGLI etabliert und sie wächst stetig. Das ist das Verdienst der Reihenherausgeber Jörg Meibauer und Markus Steinbach. In der Neuauflage möchte ich Rolf Thieroff und Ulrike Sayatz danken, die das Lehrbuch regelmäßig als solches nutzen und mir konkrete Verbesserungen vorgeschlagen haben. Die Freude an der Graphematik und ihrer (Er-)Forschung wächst maßgeblich durch meinen wöchentlich stattfindenden graphematischen Lesezirkel. Für weiterbringende gemeinsame Lektüre und Diskussion danke ich Rebecca Barghorn, Kristian Berg, Franziska Buchmann, Jan Michalsky, Tina Morcinek und Niklas Schreiber.

Die wesentlichen Änderungen in dieser Auflage sind die *s*-Schreibung (S.10) und die Erweiterung der Interpunktion. Bei der *s*-Schreibung kann mit Hilfe von Unterspezifikation eine klare und einfache Regel formuliert werden. Aus den 3½ Seiten komplizierter Herleitung ist jetzt eine dreiteilige Regel mit einer gut halbseitigen Erläuterung geworden. Hier danke ich den Studierenden aus meinen Kursen: Ein erster Versuch, die Schreibung so zu vermitteln (WS 08/09) hat zu viel Verwirrung geführt, die mich dazu leitete, alles noch mal zu überdenken; im SS 09 entstand dann (bei anderen Studierenden) eher Verwirrung darüber, wieso ich so ungläubig über ihr mit der neuen Darstellung erreichtes rasches Verständnis bin. Die Studierenden sollen wissen, wie sehr sie uns zwingen, immer wieder alles neu zu überdenken und dass dies den Reiz des Universitätsbetriebs ausmacht. Die drei gesparten Seiten – und das die zweite große Änderung – gehören jetzt der Interpunktion. Dieses Kapitel ist erweitert worden. Ich bin bei meiner eigenen Schreibweise dabei geblieben, einzelne Großschreibungen (*im Allgemeinen*) abzulehnen, dies ist aber begründet, s.S.47f.

Dieses Buch ist allen Grundschullehrern und Grundschullehrerinnen gewidmet, besonders auch den Zukünftigen.

Inhaltsverzeichnis

1. Einleitung

1.1 Schreiben und ‚richtig‘ schreiben

„Wie schreibt man das richtig?" ist eine Frage, die nicht nur Deutschlehrer[1] häufig hören. In keinem anderen Bereich der deutschen Grammatik ist das Regelbewusstsein so ausgeprägt wie in der Schreibung. So herrscht die Meinung, dass es eindeutig sein müsse, was richtig und was falsch sei. Diese Sicht wird zum Teil noch extremer formuliert mit der Forderung, dass es immer nur eine richtige Lösung geben dürfe. In den meisten Fällen ist diese Forderung einlösbar: In einem Kernbereich von Schreibungen können die Regeln so festgelegt werden, dass es jeweils nur eine richtige Schreibung gibt. Aber in Grenzbereichen bieten sich mitunter mehrere Schreibungen an. Für diese Fälle ist daher die Forderung nach genau einer erlaubten Schreibung nicht angemessen. In der Orthografie werden aber einige Schreibungen unter Missachtung der grammatischen Gründe strikt festgelegt, einfach weil die Forderung so stark vertreten wird, dass nur jeweils eine Schreibung erlaubt sein soll. Das bringt uns zum Unterschied zwischen Graphematik und Orthografie.

Die **Graphematik** beschreibt, wie man schreibt. Das geschieht analog zu den übrigen Bereichen der Grammatik, die ebenfalls die Sprache beschreiben. Die Graphematik ist ein Teilgebiet der Linguistik. Die **Orthografie** legt fest, was ‚richtig‘ ist. Die Orthografie ist eine willkürliche Normierung, es wird festgelegt, wie ‚richtig‘ geschrieben wird.

In Ansätzen geschieht dies auch in anderen Bereichen der Grammatik, so wird mitunter die Aussprache korrigiert. Sicherlich sind jedem schon Äußerungen begegnet wie „es heißt nicht [kemi]/ [ʃemi], sondern [çemi]" (Anlaut von *Chemie*) und „es heißt nicht [ʃvʏmən], sondern [ʃvɪmən]" (Vokal in der betonten Silbe von *schwimmen*). Hier wird von einer ‚Norm‘ ausgegangen, die besondere individuelle oder regionale Varianten in der gesprochenen Sprache zu einer vermeintlich ‚richtigen‘ Aussprache korrigiert. Bei Aussprachekorrekturen ist allerdings sehr auffällig, dass letztend-

---

[1]Grundsätzlich habe ich die maskuline Form gewählt, ausschließlich für eine bessere Lesbarkeit.

lich die Schriftsprache als ‚Norm‘ herangezogen wird. Sehr häufig sind es Abweichungen von einer ‚gängigen‘ Laut-Buchstaben-Zuordnung (*Chemie* ‚muss‘ dann einen anderen Anlaut haben als *Schule*, denn es wird anders geschrieben). Eine andere Instanz, wie zum Beispiel ein Aussprachewörterbuch, wird dabei kaum herangezogen, vielen Sprechern sind Aussprachewörterbücher gar nicht bekannt, und viele könnten sie wegen der darin verwendeten Lautschrift nicht lesen. Es gibt keine ‚Rechtsprechung‘, die eine Stellung wie die Rechtschreibung hätte. Es gibt auch keine Instanz, die die Aussprache regeln könnte bzw. regeln dürfte.

Auch in der Morphologie finden wir solche Beispiele: So bilden manche den Plural *Hammer*, andere *Hämmer*. Manche Wörter haben ‚zwei‘ Pluralformen, wie zum Beispiel *Worte* und *Wörter*, wo sich sekundär ein Bedeutungsunterschied herausgebildet hat (*Worte*, wenn es um zusammenhängende Einheiten geht – *er macht nicht viele Worte* und *Wörter* sonst wie in *Fremdwörter*). In den meisten Fällen ist die Pluralbildung klar, sie ist vom sprachlichen System vorgegeben und von keiner Instanz. So wie bei der Pluralbildung funktioniert Sprache häufig: Die Sprecher haben ein Bewusstsein darüber, wie man einen Plural bildet. Eine sprachliche Norm gibt es auch ohne eine ‚regelnde‘ Instanz.

Wie verhält es sich nun in der Schreibung? Hier gibt es eine Instanz, die über ‚richtige‘ und ‚falsche‘ Schreibung entscheidet, bis 1996 war das der Duden (in der Bundesrepublik der Mannheimer Duden, in der DDR der Leipziger, seit 1990 der gemeinsame), dann die ‚zwischenstaatliche Kommission‘ mit ihrem Reformvorschlag, jetzt der 36-köpfige Rechtschreibrat. Kommission und Rat wurden von der Kultusministerkonferenz eingesetzt, es sind politisch eingesetzte Gremien. Sie haben ausschließlich Vorschlagsrecht, über die Rechtschreibung wird politisch entschieden.

Weil es für die deutsche Rechtschreibung regelnde Instanzen gibt und gab, ist es in der Schreibung für die meisten Sprecher üblich, bei Unsicherheiten nachzuschlagen. In den Schulen werden Diktate geschrieben, die einzig den Sinn haben, Rechtschreibfähigkeiten zu überprüfen. In der geschriebenen Sprache herrscht ein anderes ‚Normbewusstsein‘ und auch eine andere Verbindlichkeit als in der gesprochenen Sprache, für öffentliche Ämter und insbesondere für die Schule ist die Rechtschreibung als Norm verbindlich. Die Praxis bei Diktaten und bei der Diskussion um Rechtschreibung ist allerdings eine besondere; häufig wird nicht der Kernbereich thematisiert, sondern die notorischen Problemfälle.

1.2 Das Schriftsystem als ein ,natürliches' System

Die Schreibung des Deutschen ist allmählich entstanden. Sie ist zum großen Teil ein ,natürliches' System, das heißt sie hat sich als System entwickelt und sie funktioniert als System. Dieses System hat seine Prinzipien herausgebildet, zum Beispiel, dass Substantive im Deutschen groß geschrieben werden oder dass Wörter (auch komplexe) zusammengeschrieben werden. Die Prinzipien können explizit gemacht werden, wie wir es auch sonst in der Grammatikforschung tun. Die Rechtschreibung oder Orthografie kann als ,Normierung' gesehen werden. Im idealen Fall sollte die Normierung folgendermaßen geschehen: Die Prinzipien, die vorherrschen, werden zu expliziten Regeln gemacht. Grundsätzlich bestehen dabei für die Rechtschreibung folgende Probleme: Werden die Prinzipien überhaupt erkannt? Und können sie in explizite, ,einfache' Regeln gefasst werden? Diese Fragen sollten Gegenstand der Debatte über eine Rechtschreibung sein.

Die Schreibung sollte intuitiv beherrschbar sein, so wie es die gesprochene Sprache auch ist. Die Schreibung ist in der Tat weitgehend intuitiv beherrschbar. Man muss sich klar machen, dass die Rechtschreibung weitgehend Prinzipien der Graphematik ,übernimmt'. Die explizit genannten Fälle (neben den Regeln) sind im allgemeinen solche, die grammatisch undeutlich sind, aber auch diese Undeutlichkeit kann in den meisten Fällen als solche erkannt werden. Die ,Zweifelsfälle' müssen als solche benannt werden.

Diese Auffassung beinhaltet die Ansicht, dass das Schreiben oder die Rechtschreibung überhaupt nicht funktionieren würde, wenn sie ausschließlich über explizite Regeln geregelt wäre. Vielmehr beherrschen Muttersprachler die deutsche Rechtschreibung, weil sie (zum großen Teil) intuitiv beherrschbar ist. Demnach vertrete ich einen entsprechenden Einfachheitsbegriff: Eine Rechtschreibung ist nicht einfach, weil sie in wenige oder leicht zu formulierende Regeln zu fassen ist. Eine Rechtschreibung ist ,einfach', weil sie intuitiv erfasst werden kann.

Die Intuition der Schreiber zu zerstören, bleibt nicht ohne Folgen. Besonders deutlich wird dies in der Getrennt- und Zusammenschreibung seit der ersten Rechtschreibreform (1996): Weil diese Regelung intuitiv nicht beherrschbar und nicht begreifbar war, herrschte hier inzwischen eine große Unsicherheit, viel größer als je zuvor (vgl. Seelig 2002).

In diesem Sinne erläutert dieses Buch auch nicht die Rechtschreibreformen an und für sich. Dieses Buch ist eine Einführung in die Graphematik des Deutschen als Grundlage der Orthografie: Das System wird erläutert. Vor diesem Hintergrund werden die Amtlichen Regeln erläutert und bewertet.

1.3 Entwicklung einer einheitlichen Schreibung

Die Bemühungen um die Rechtschreibung sind seit Ende des 19. Jahrhunderts durch eine Tendenz zur Vereinheitlichung geprägt. Zum einen nahm die Mobilität immer mehr zu, die gedruckten Medien fanden eine größere regionale Verbreitung und mit der Schaffung des Deutschen Reiches 1871 war auch der politische Wille zu einer einheitlichen Schreibung da. Es kam zur Ersten Orthographischen Konferenz (1876 in Berlin), die an einem Regelwerk scheiterte. Fortan setzten sich für die einzelnen Länder verbindliche Rechtschreibwörterbücher durch. Auf Grundlage der preußischen Schulorthografie beschloss die Zweite Orthographische Konferenz (1901 in Berlin) eine Einheitsorthografie (vgl. Nerius 2007:342ff. und Dürscheid 2006:167ff.).

Noch immer begegnet man der Überzeugung – auch in so genannten Fachkreisen – dass die Schreibung ein gemachtes, künstliches System sei. Diese Überzeugung ist grundsätzlich falsch. Richtig ist, dass es einzelne Normierungstendenzen gab und einige davon durchaus großen Einfluss hatten. Insgesamt aber gilt, wie in 1.2 formuliert, dass die Schreibung des Deutschen allmählich entstanden ist und zum großen Teil ein ‚natürliches‘ System ist.

Auch die historische Sprachwissenschaft wendet sich zunehmend der Erforschung der Schreibung zu. Diese historischen Forschungen untersuchen Texte aus den unterschiedlichen Epochen und den unterschiedlichen Regionen. Mitunter herrschten Prinzipien vor, die dann in der Geschichte wieder verworfen wurden, die sich nicht bis in die heutige Orthografie herübergerettet haben. Grundsätzlich sieht man aber, dass die Frage nach den leitenden Prinzipien im großen und ganzen richtig ist, was eben auch zeigt, dass die Schreibung nicht ‚gemacht‘ ist.

1.4 Der Aufbau des Schriftsystems

In dieser Einführung wird die Schreibung im Deutschen systematisch hergeleitet. Grundlegend für die Schreibung sind die Phonem-Graphem-Beziehungen oder vereinfacht gesagt die Laut-Buchstaben-Zuordnung (Abschnitt 2). Hieraus ergeben sich ‚phonographische' Schreibungen. Für einige Wörter ist dies schon die endgültige Schreibung, für viele aber nicht. Über die phonographischen Schreibungen lagern sich die ‚silbischen' Schreibungen. Hierzu gehören insbesondere das Dehnungs-<h> (<dehnen>), das silbeninitiale <h> (<drehen>), die Verdoppelung von Vokalen (<paar>, <allee>) und Konsonanten (<wollen>) (Abschnitt 3). Als dritter Schritt folgen die ‚morphologischen' Schreibungen, dies meint insbesondere, dass Morpheme möglichst gleich oder ähnlich geschrieben werden (Abschnitt 4). So ist zum Beispiel das <h> in <drehen> silbisch begründet, es kennzeichnet den Anfang der zweiten Silbe. Die Form <dreht> besteht hingegen nur aus einer Silbe, das <h> in <dreht> ist morphologisch begründet, durch den Bezug zu <drehen>. Mit diesen drei Schritten kommt man von der Lautkette zur Buchstabenkette, in den meisten Fällen ist das die ‚richtige', normgerechte Schreibung, das heißt auch die Schreibung, die von der Rechtschreibung verlangt wird. Größere Abweichungen gibt es insbesondere bei Fremdwörtern (Abschnitt 5).

Die Buchstabenkette wird dann morphosyntaktisch (‚grammatisch' in einem traditionellen Sinn) interpretiert, indem manche Wörter mit einem Großbuchstaben beginnen, insbesondere Satzanfänge und Substantive (Abschnitt 6). Zu dieser Interpretation gehört auch im weiteren Sinn die Getrennt- und Zusammenschreibung: Wann wird eine Buchstabenkette durch Leerzeichen als ein Wort oder als mehrere Wörter gekennzeichnet? (Abschnitt 7/8). Zum Abschluss folgt die Interpunktion (Abschnitt 9), damit befinden wir uns dann auf der Satzebene. Somit ist das Schreibsystem im Kern beschrieben – von der Lautkette zum graphematischen Satz.

Die meisten Schreibungen oder zumindest sehr viele Schreibungen im Deutschen gehorchen diesen Prinzipien. Aus zwei bzw. drei Quellen sind viele Fälle zu erwarten, die diesen Regeln widersprechen: Fremdwörter, Sprachgeschichte und Namen.

Fremdwörter: Sie kommen aus verschiedenen Sprachen ins Deutsche, das Deutsche hat aber die Eigenschaft, die Schreibung gar nicht, relativ wenig oder sehr langsam zu verändern, sofern die Wörter aus einer Sprache kommen, die ebenfalls mit dem lateinischen Alphabet geschrieben wird.

Sprachgeschichte: Auch die Schreibprinzipien haben sich im Laufe der Jahrhunderte gewandelt, ganz abgesehen davon, dass Schreibungen immer variantenreich waren. Nun halten sich einige historische Schreibungen, aus welchen Gründen auch immer. Manche <th>-Schreibungen sind so zu begründen oder so manches

<ä> bzw. <e>, was aus heutiger Sicht vielleicht anders zu erwarten wäre. Vieles – aber nicht alles – gleicht sich verspätet noch an.

Namen: Die Schreibung von Namen kann sehr häufig nicht vollständig nach den graphematischen Prinzipien des Deutschen hergeleitet werden. Die Schreibung von Namen möchte ich geradezu als das Konservativste bezeichnen, was das deutsche Schriftsystem zu bieten hat. (Sämtliche Diskussionen mit Studierenden, ob wir überhaupt eine Rechtschreibung brauchen, gipfelten und endeten darin, dass die eigenen Namen keineswegs und von niemandem anders geschrieben werden dürfen.)

2. Phonem-Graphem-Beziehungen

Das Deutsche hat eine Alphabetschrift, die wesentlich lautbezogen ist. Allerdings ist die Schreibung auch nicht ein bloßes Abbild des Lautlichen, schließlich schreiben wir nicht in einer Lautschrift, wie zum Beispiel mit dem Internationalen Phonetischen Alphabet (**IPA**), sondern müssen lautliches Transkribieren im Studium erst lernen. Insofern sollten die Systeme des Sprachlichen und des Lautlichen sowohl voneinander getrennt betrachtet werden können als auch aufeinander bezogen. So bestimmen wir zunächst den **Graphembestand** des Deutschen. Anschließend wird dieser auf den **Phonembestand** bezogen.

2.1 Graphembestimmung

Ganz analog zu den **Phonemen** können **Grapheme** bestimmt werden: Phoneme sind die kleinsten bedeutungsunterscheidenden Einheiten in der gesprochenen Sprache, Grapheme sind die kleinsten bedeutungsunterscheidenden Einheiten in der geschriebenen Sprache. Mit Hilfe von Minimalpaaren werden die kleinsten bedeutungsunterscheidenden Einheiten in der Schrift bestimmt. **Minimalpaare** sind solche Paare – in diesem Fall von Wörtern – die sich nur durch ein Segment unterscheiden und zwei unterschiedliche Bedeutungen haben. So unterscheiden sich zum Beispiel <dorf> und <torf> lediglich im Anfangsrand; es sind aber Wörter mit unterschiedlicher Bedeutung. Damit sind <d> und <t> unterschiedliche Grapheme. Das gilt auch für die anderen Positionen, so zum Beispiel <dorf> und <darf> oder <dorf> und <dort>. Die spitzen

Klammern sind generell für graphematische Schreibungen reserviert. Eisenberg (2006a:306) kommt dabei auf den folgenden Graphembestand für das Deutsche:

(1) <p>, <t>, <k>, <b>, <d>, <g>, <f>, <s>, <ß>, <w>, <j>, <h>, <m>, <n>, <l>, <r>, <qu>, <ch>, <sch>, <z>
     <a>, <e>, <i>, <ie>, <o>, <u>, <ä>, <ö>, <ü>

Um sie mit den Buchstaben direkt vergleichen zu können, seien sie hier noch mal in alphabetischer Reihenfolge wiedergegeben, sämtliche Zeichen, die nicht wie Buchstaben aussehen, stehen im Anschluss an die alphabetische Reihenfolge:

(2) <a>, <b>, <d>, <e>, <f>, <g>, <h>, <i>, <j>, <k>, <l>, <m>, <n>, <o>, <p>, <r>, <s>, <t>, <u>, <w>, <z>
     <ä>, <ö>, <ü>, <ß>
     <ch>, <sch>, <qu>, <ie>

Nun können wir den Graphembestand des Deutschen direkt mit dem Buchstabenbestand des Alphabets vergleichen: Als Sonderzeichen für das Deutsche kommen die Umlautgrapheme <ä>, <ö>, <ü> vor und <ß>. Von den Buchstaben ‚fehlen‘ |c, q, v, x, y|. Die Buchstaben |c| und |q| kommen als Bestandteile von Mehrgraphen (Grapheme, die aus mehreren Buchstaben bestehen) vor: <ch>, <sch>, <qu>. (Für schriftliche Einheiten, die nicht graphemtheoretisch bestimmt sind, führen Fuhrhop/Buchmann (2009) die Schreibweise mit einem Längsstrich ein.) Alleine kommt <c> ausschließlich in Fremdwörtern und Namen vor wie *Cello*, *Cicero* und *Clara*. <v>, <x>, <y> kommen in Fremdwörtern vor oder es sind für den nativen Wortschatz markierte Schreibungen wie <v> statt <f> in <Vogel>, <x> statt <chs> in <Hexe>.(Eisenberg 2006a:306f.).

2.2 Phonemsystem des Deutschen

Die oben bestimmten Grapheme sollen auf Phoneme des Deutschen abgebildet werden. Phoneme sind die für die gesprochene Sprache ‚kleinsten bedeutungsunterscheidenden Einheiten‘ des Systems. Eisenberg (2006a:93) ermittelt folgende konsonantischen Phoneme:

(3) Plosive: /p/, /b/, /t/, /d/, /k/, /g/, /ʔ/
     Frikative: /f/, /v/, /s/, /ʃ/, /z/, /ç/, /j/, /h/
     Nasale: /m/, /n/, /ŋ/
     Liquide: /l/, /ʀ/

An einem klassischen Beispiel möchte ich die Phonembestimmung genauer erläutern, nämlich an /ç/. Zu diesem Phonem gibt es zwei Realisierungsvarianten, die von deutschen Sprechern ohne weiteres unterschieden werden, nämlich [ç] in *ich, echt, Bücher* und [x] bzw. [χ] in *ach, Buch, Loch*. Man fasst sie zu einem Phonem zusammen, weil sie weitgehend komplementär verteilt sind, sie sind gegeneinander nicht bedeutungsunterscheidend.

Die unterschiedliche Schreibweise von Schrägstrichen und eckigen Klammern gibt dies wieder: Sobald in Schrägstrichen transkribiert wird, wird damit auch angegeben, dass es sich um Phoneme und nicht um Phone handelt.

Bei den **Vokalen** werden die folgenden Phoneme angenommen:

(4) /ɪ/, /i/, /ʏ/, /y/, /ʊ/, /u/, /ɛ/, /e/, /œ/, /ø/, /ɔ/, /o/, /a/, /ɑ/, /æ/, /ə/

Die Vokale sind hier in Paaren angeordnet, wobei die erste Variante die **ungespannte**, die zweite die **gespannte** ist, zum Beispiel in *offen* [ˈʔɔfən] und *Ofen* [ˈʔofən]. Dabei werden im Deutschen im allgemeinen in betonten Silben gespannte Vokale lang ausgesprochen und ungespannte kurz. Zu jedem ungespannten (oder auch kurzen) Vokal gibt es auch einen gespannten (langen). Umgekehrt gilt dies in genau einem Fall nicht: Bei /æ/ fällt die ungespannte Variante quasi mit /ɛ/ zusammen (*Käse* [kæːzə] – *Fälle/Felle* [fɛlə]). Neben dieser Gespanntheitsopposition wird alternativ eine Silbenschnittopposition angenommen, s. Vennemann 1991; *Ofen* ist sanft geschnitten, *offen* ist scharf geschnitten, s. auch S.18. Als Reduktionsvokal wird im Phonemsystem /ə/ angenommen, der Silbenkern der zweiten Silbe in *Rose*.

Damit sind es 20 Konsonantphoneme und 16 Vokalphoneme; Vennemann (1991) nimmt nur 8 Vokalphoneme an, die Unterschiede liegen im Silbenschnitt. Ein ähnliches Systeme findet sich in Ramers (Meibauer u.a. 2007).

2.3 Konsonantische Phonem-Graphem-Beziehungen

Das oben genannte Graphem-Inventar kann nun auf das Phonem-Inventar abgebildet werden. Es wird im Sinne von phonographischen (,lautierenden') Schreibungen aufeinander bezogen (Eisenberg 2006a:307):

(5)

/p/	→	\<p\>	/f/	→	\<f\>	/m/	→	\<m\>
/t/	→	\<t\>	/ʃ/	→	\<sch\>	/n/	→	\<n\>
/k/	→	\<k\>	/ç/	→	\<ch\>	/ŋ/	→	\<ng\>
/b/	→	\<b\>	/v/	→	\<w\>	/l/	→	\<l\>
/d/	→	\<d\>	/j/	→	\<j\>	/ʀ/	→	\<r\>
/g/	→	\<g\>	/h/	→	\<h\>	/ts/	→	\<z\>
/kv/	→	\<qu\>						
/S/	→	\<s\>	/z/	→	\<s\>	/s/	→	\<ß\>

Meistens besteht eine Beziehung zwischen einfachen Phonemen und einfachen Graphemen. Im folgenden werden Fälle erläutert, in denen es sich nicht um Beziehungen zwischen einfachen Einheiten handelt.

Im Deutschen wird genau ein Phonem nicht verschriftet, und zwar der glottale Verschlusslaut /ʔ/; die Phonemkette /ʔalt/ wird \<alt\> geschrieben. Damit gibt es graphematisch nackte Silben (Silben, die mit dem Silbenkern, beginnen wie \<alt\>, \<arm\> usw). Ein Fall, in dem eine vermeintliche Phonemverbindung durch ein Graphem verschriftet wird, findet sich in /ts/ – \<z\>, vgl. S.20. Fälle, in denen einfache Phoneme mit komplexen Graphemen korrespondieren, sind: /ç/ – \<ch\>, /ʃ/ – \<sch\>, /ŋ/ – \<ng\>, vgl. auch S.21. Fälle, in denen Phonemverbindungen mit komplexen Graphemen (Mehrgraphen) korrespondieren, sind: /kv/ – \<qu\>.

Bei der Graphemermittlung erschien kein \<ng\>, dies ist nicht ein Graphem, sondern es sind zwei. In den Regeln erscheint es, weil es das entsprechende Phonem gibt, eben den velaren Nasal /ŋ/. Das entsprechend umgekehrte Verhältnis haben wir bei \<qu\> (ein Graphem) zu /kv/ (zwei Phoneme). Man vervollständigt die Beziehungen, indem die Systeme aufeinander bezogen werden. Allerdings verhält sich der velare Nasal auch im phonologischen System anders als die anderen Nasale; er kann in einem bestimmten Sinne auch ‚zweisegmentig' interpretiert werden – zum Beispiel, weil er ausschließlich ungespannten (oder kurzen) Vokalen folgt und keinen gespannten, vgl. S.21.

Auch /kv/ ist eine ungewöhnliche Phonemverbindung, da es die einzige mögliche Kombination zwischen einem stimmlosen Plosiv (eben /k/) und einem stimmhaften Frikativ (eben /v/) ist. Möglicherweise ist /v/ hier gar nicht als Frikativ, sondern vielmehr als Gleitlaut oder als Halbvokal zu interpretieren. Grob gesagt wäre /v/ (bzw. die phonologische Entsprechung) dann ein Vokal, der kein Silbenkern ist. Systematisch würde eine phonographische Verschriftung dann zu einer Schreibung \<ku\> führen. Diese Schreibung würde in die Irre führen, da tendenziell eine silbische Lesung abgeleitet werden würde wie in \<kuchen\>, \<kugel\>, \<kullern\> usw.

So erscheint die Schreibung <qu> als eine gute Ausweichmöglichkeit, die besondere Kombination zu rekonstruieren: Der Halbvokal ist geschrieben wie in den vergleichbaren Diphthongen, zum Beispiel <au>, der entsprechende Konsonant ist besonders markiert.

2.4 Spezialfall: Die *s*-Schreibung

Bei der *s*-Schreibung gibt die Schreibung eine Besonderheit des phonologischen Systems wider. Bei der Ermittlung der konsonantischen Phoneme wird heutzutage mitunter von drei Basispositionen ausgegangen und es wird ermittelt, ob sie in den entsprechenden Positionen und dort jeweils bedeutungsunterscheidend vorkommen. Die drei relevanten Basispositionen für konsonantische Phoneme im Deutschen sind der Anlaut, der Auslaut und das alleinige Vorkommen zwischensilbisch nach betontem gespannten Vokal (Eisenberg 2006a:92). Die stimmhafte und die stimmlose *s*-Variante sind in zwei der drei Basispositionen komplementär verteilt: Im Anlaut kommt im nativen Wortschatz nur die stimmhafte Variante vor (*Sonne, Sahne*), im Auslaut ausschließlich – wie auch sonst aufgrund der Auslautverhärtung – nur die stimmlose Variante /s/ (*nachts, aus, Autos*). Die Stimmhaftigkeit der *s*-Laute kann im Deutschen als positionsabhängig beschrieben werden, das heißt das Phonem /S/ ist häufig bezüglich Stimmhaftigkeit unterspezifiziert. Unterspezifizierte Phoneme werden mit Kapitalbuchstaben angegeben, wir schreiben also /S/ für das hinsichtlich Stimmton unterspezifizierte *s*-Phonem. Lediglich zwischensilbisch nach gespanntem Vokal oder Diphthong sind die beiden *s*-Laute phonematisch unterschieden: *reisen – reißen, Muse – Muße, heiser – heißer*. Genau dieses Verhalten gibt die Schreibung wider: Nur wenn ein phonematischer Unterschied zugrunde liegt, unterscheiden sich die Schreibungen. Die scheinbare Komplexität der Schreibung ist also die Komplexität des phonologischen Systems.

2.5 Vokalische Phonem-Graphem-Beziehungen

Vokalgrapheme gibt es sehr viel weniger als Vokalphoneme, wenn wir eine Gespanntheitsopposition annehmen: 16 Vokalphonemen vs. 9 Vokalgrapheme (Eisenberg 2006a:308).

(6)

			Beispiele				Beispiele
/i/	→	\<ie\>	\<Kiel\>	/ɪ/	→	\<i\>	\<Milch\>
/y/	→	\<ü\>	\<wüst\>	/ʏ/	→	\<ü\>	\<hübsch\>
/e/	→	\<e\>	\<wem\>	/ɛ/	→	\<e\>	\<Welt\>
/ø/	→	\<ö\>	\<schön\>	/œ/	→	\<ö\>	\<Köln\>
/æ/	→	\<ä\>	\<Bär\>				
/ɑ/	→	\<a\>	\<Tran\>	/ɑ/	→	\<a\>	\<kalt\>
/o/	→	\<o\>	\<Ton\>	/ɔ/	→	\<o\>	\<Frost\>
/u/	→	\<u\>	\<Mut\>	/ʊ/	→	\<u\>	\<Gurt\>
Reduktionsvokal:				/ə/	→	\<e\>	\<Kirche\>

Die einzige besondere Graphie für einen gespannten Vokal ist \<ie\>, dies war historisch eine Diphthong-Schreibung, hat sich aber zu der Kennzeichnung eines gespannten Vokals entwickelt. Ansonsten wird Gespanntheit oder Ungespanntheit häufig in der Schreibsilbe kodiert und gerade nicht in den Phonem-Graphem-Beziehungen, vgl. S.13ff. Aus diesem Grund ist grundsätzlich die vorne (S.8) erwähnte Silbenschnittoppositionen attraktiv, s.S.18.

Der Reduktionsvokal hat kein besonderes Zeichen für die Verschriftung. Er wird im Deutschen durch \<e\> wiedergegeben.

2.6 Diphthonge

Im nativen Bereich können phonologisch drei Diphthonge angenommen werden: /ai/, /au/ und /ɔi/. Graphematisch können hingegen fünf ermittelt werden \<ei\>, \<ai\>, \<au\>, \<eu\>, \<äu\>. Hier ist das Verhältnis nahezu umgekehrt wie bei den Vokalen, mehr Schreibweisen für weniger Lautverbindungen. Eisenberg (2006a: 309) nimmt die folgenden Phonem-Graphem-Beziehungen an:

(7) /ai/ → \<ei\>
     /au/ → \<au\>
     /ɔi/ → \<eu\>

Zunächst haben wir sechs Schreibdiphthonge im Kernwortschatz. Die Schreibung \<ie\> haben wir schon bei den Langvokalen beschrieben. Den anderen fünf Schreibdiphthongen entsprechen drei Sprechdiphthonge: /ai/, /au/, /ɔi/. Eindeutig ist die Schreibung von /au/ im Kernwortschatz als \<au\>. Für die anderen Sprechdiphthonge hält das Deutsche jeweils zwei Schreibweisen bereit. Dabei kann \<äu\> als morphologische Schreibung gewertet werden: Man schreibt \<häuser\> wegen des Bezugs auf \<haus\>, vgl. morphologische Schreibungen S.25ff. Bei den Schreibungen \<ai\> und \<ei\> ist \<ei\> die häufige, \<ai\> kommt relativ selten im Kernwortschatz des Deutschen vor. So sind die oben genannten Beziehungen zu verstehen.

Eisenberg betrachtet das System unabhängig von der ‚lautlichen' Zuordnung und kommt zu folgendem Bild: Es gibt jeweils typische erste Vokalzeichen und typische zweite Vokalzeichen (Eisenberg 2006a:312):

(8)

	i	u
e	ei	eu
a	ai	au

Das System ist also speziell in der Graphematik geordnet. Insbesondere für die Diphthonge mit <e> als erstem Bestandteil ist der direkte phonologische Bezug nicht gegeben. Wenn man dies bedenkt, erscheint die Diphthongschreibung durchaus systematisch.

2.7 Primäre Phonem-Graphem-Beziehungen

Die Beziehungen zwischen Phonemen und Graphemen sehen bei Eisenberg (2006a:307f.) ganz anders aus als zum Beispiel bei Nerius u.a. (2007:122ff.). Eisenberg geht von eindeutigen Beziehungen aus, bei Nerius sind sie im Prinzip alle wenigstens doppeldeutig: /t/ – <t>, <tt> oder <dt> (2007:123). Die systematischen Doppeldeutigkeiten werden in dem Ansatz hier, wie bei Eisenberg (2006a), in den silbischen und morphologischen Schreibungen geklärt. Eine solche Sichtweise ist deswegen attraktiv, weil nicht von vornherein mehrere Schreibungen anzusetzen sind.

Der erste Schritt ist also ein lautlicher. Bei einem Wort wie /ʃøn/ reicht allein das lautliche Prinzip aus, um auf die Schreibung <schön> zu kommen. Bei /bløt/ würden wir nach dem lautlichen Prinzip allein auf <blöt> kommen, bei /hʊnt/ gar auf <hunt> und nicht auf <Hund>, das heißt die deutsche Orthografie ist nicht allein lautierend. Das grundlegende Prinzip ist aber lautierend und genauso schreiben Kinder, wenn sie schreiben lernen – sie schreiben aufgrund dessen, was sie hören. Die überformenden Prinzipien werden folgen – sowohl in diesem Buch als auch im Schriftspracherwerb.

2.8 Zusammenfassung

Zunächst werden unabhängig voneinander Phonem- und Graphemsysteme erstellt. Dabei geht es jeweils um kleinste bedeutungsunterscheidende Einheiten, sowohl in der gesprochenen Sprache als auch in der geschriebenen Sprache. Diese Systeme werden dann aufeinander bezogen und wir erhalten das grundlegende Gerüst für die Schreibung des Deutschen.

Aufgaben

1. Wir sprechen von Phonem-Graphem-Beziehungen und nicht von Laut-Buchstaben-Beziehungen. Machen Sie sich an einigen konkreten Beispielen den Unterschied klar.
2. Welche Schreibdiphthonge wären ausgehend von den Sprechdiphthongen die lautlich realistischen?
3. Suchen Sie 10 beliebige Wörter, die lediglich entsprechend der Phonem-Graphem-Beziehungen geschrieben werden, wie das Beispiel <schön> im Text.
4. Nennen Sie 10 Wörter, die mit <v> anfangen. Überlegen Sie, mit welchen Schreibungen die entsprechenden lautlichen Ketten konkurrieren, zum Beispiel <villa> und <von>.
5. Fremdwörter: Wie würden *Philosophie, Handy, Balkon, Creme* in phonographischer Schreibung aussehen? Geben Sie zunächst eine phonologische Transkription und schreiben Sie sie anschließend phonographisch.
6. Bisher ging es um die Phonem-Graphem-Beziehungen. Stellen Sie nun die Graphem-Phonem-Beziehungen zusammen und halten Sie potentielle Doppeldeutigkeiten fest, also die Fälle, in denen ein Graphem für unterschiedliche Phoneme stehen kann. (Das Ergebnis brauchen Sie noch in Aufgabe 9 in Kapitel 3.)

Weiterführende Literatur
Altmann/Ziegenhain (2002: 117ff.); Dürscheid (2006:132ff.); Eisenberg (2006a:304ff.); Maas (1992:218ff.); Neef (2005); Nerius u.a. (2007: 108ff.).

3. Silbische Schreibungen

Im folgenden geht es um Schreibungen, die durchaus noch durch die Lautstruktur zu begründen sind, aber nicht aufgrund von Phonem-Graphem-Beziehungen. Ganz analog zur Silbe in der Phonologie nimmt man eine Silbe in der Graphematik an. Sie ist die nächstgrößere Einheit nach den einzelnen Segmenten. Gute Einführungen in das phonologische Verständnis der Silbe sind Eisenberg (2006a), Altmann/Ziegenhain (2002), Meibauer u.a. (2007), die Duden-Grammatik (2005) und Hall (2000). Für das Verständnis der graphematischen Silbe ist an dieser Stelle folgendes ausreichend: Silbenkern ist im allgemeinen ein Vokalgraphem, um den sich in bestimmter Weise Konsonantengrapheme gruppieren. In der geschriebenen Sprache gilt dieses Prinzip noch konsequenter als in der gesprochenen Sprache, insbesondere für unbetonte Silben. So würde man in [zeg̩l] von einem silbischen [l] ausgehen, geschrieben wird hier als Silbenkern ein Vokal <segel>.

Es soll im folgenden aber nicht um die Schreibsilbe an und für sich gehen, sie ist als solche durchaus theoretisch umstritten (Primus 2003; Fuhrhop/Buchmann 2009). Es geht hier vielmehr um das Verständnis von sogenannten silbischen Schreibungen, also Schreibungen, die phonologisch begründet werden können, die aber nicht auf der segmentalen (phonographischen) Ebene erfasst werden können. Die silbischen Schreibungen stehen dabei zum großen Teil in einem Zusammenhang mit der Vokalqualität, der Vokalquantität bzw. dem Silbenschnitt. So gibt es im Deutschen deutliche Abhängigkeiten zwischen dem Aufbau der Silbe und der Vokalqualität (vgl. S.14ff.). Wir haben gesehen, dass die Vokalqualität segmental in der Schreibung nicht dargestellt wird: Entweder nehmen wir 16 Vokalphoneme und 9 Vokalgrapheme an oder nur 8/9 Vokalphoneme (Vennemann 1991); die Schreibung markiert dann den Silbenschnitt. Auch hier besteht aber das grundsätzliche Problem, dass Silbenschnitte graphematisch nicht einheitlich markiert sind. Daher gebe ich jetzt die ‚doppelte' Sichtweise auf und bleibe bei der mit der unterschiedlichen Vokalqualität.

Für das weitere Verständnis führe ich im folgenden einige Begriffe ein: Wir gehen davon aus, dass sich die Anzahl von Silben aus der Anzahl von Silbenkernen ergibt. Der **Silbenkern** von betonten Silben ist im Deutschen ein Vokal bzw. ein Diphthong. Die Konsonanten vor dem Kern sind der **Anfangsrand**, die Konsonanten nach dem Kern der **Endrand**. In einer **offenen Silbe** ist der Endrand leer, in einer **geschlossenen** Silbe ist der Endrand besetzt. Dabei unterscheiden wir außerdem noch, ob der Endrand mit einem Konsonanten (**einfacher Endrand**) besetzt ist oder mit mehreren (**komplexer Endrand**). Analog betrachten wir den Anfangsrand: ist der Anfangsrand leer, so handelt es sich um eine **nackte Silbe**, ansonsten um eine **bedeckte Silbe**.

Die Konsonanten sind in der Silbe aufgrund der **Sonorität** geordnet, das heißt die sonorsten Konsonanten stehen dem Kern am nächsten. Für die Graphematik reicht an dieser Stelle eine Zweiteilung der Konsonanten in **Sonoranten** und **Obstruenten** aus. Dabei sind die Obstruenten solche Laute mit **Geräuschanteil** wie /p/ und /f/ (Plosive und Frikative). Sonoranten sind Konsonanten ohne Geräuschanteil wie /l/ und /n/ (Liquide und Nasale).

3.1 Markierung der Vokalgespanntheit

Bei den Phonem-Graphem-Beziehungen haben wir gesehen, dass zwar die Vokalphoneme eindeutig auf Vokalgrapheme zu beziehen sind, dass die umgekehrte Richtung aber nicht eindeutig ist. Der Unterschied, den wir phonologisch annehmen zwischen gespannten und ungespannten Vokalen im Deutschen, wird in der Graphematik nicht auf der segmentalen Ebene gemacht. Dennoch ist er in den meisten Fällen eindeutig, denn der Unterschied ergibt sich entweder aus bestimmten Regularitäten oder er wird durch diverse Hilfsmittel angezeigt, wie zum Beispiel das Dehnungs-<h>.

In morphologisch einfachen Wörtern gilt im Deutschen die folgende Regel des **Längenausgleichs**: Offene Silben werden mit gespanntem Vokal gesprochen: *See, Reh, so.* Silben mit komplexem Endrand (sofern sie morphologisch einfach sind) haben einen ungespannten Vokal: *Bank, Strumpf, Last, Bild* usw. Es gibt einige, viel zitierte Ausnahmen wie zum Beispiel *Mond, Keks* und *Obst* (Eisenberg 2006a:120). Diphthonge gibt es nur in jeweils einer Variante, das heißt es gibt keine gespannten und ungespannten bzw. langen und kurzen Diphthonge. Die Regel gilt dann selbstredend nicht (*Freund, Feind* usw.). Lediglich bei einfachem Endrand in morphologisch einfachen Wörtern sind damit sowohl gespannte als auch ungespannte Vokale möglich: *Beet – Bett, Bahn – Bann, Stiel (Stil) – still* usw.

Die Vokalqualität ist damit in den meisten Fällen deutlich; beide Möglichkeiten gibt es systematisch nur bei den morphologisch einfachen Wörtern mit einfachem Endrand. Hier liegt also eine Position vor, in der es in der Schrift hilfreich wäre, einen Unterschied zu markieren. Wie an den Beispielen zu sehen, wird diese Unterscheidung auch gemacht, und zwar mit unterschiedlichen Mitteln:

1. Verdoppelung des Vokals (*Beet*, geht einher mit einem gespannten Vokal),
2. Verdoppelung des Konsonanten (*Bett, Bann, still*, führt zur Lesung eines ungespannten Vokals),
3. Einfügung eines Dehnungs-<h> (*Bahn*, gespannter Vokal),
4. <ie> als besondere Schreibung für den gespannten vorderen oberen nicht-runden Vokal.

Das sind die vier Möglichkeiten. In den folgenden Abschnitten wird die Regelmäßigkeit dieser vier Möglichkeiten beschrieben. Ich möchte von vornherein zum einen klarstellen, dass die Gespanntheit bzw. die Ungespanntheit nicht immer markiert wird: Bei

Wörtern wie *an, von, ab, des* (jeweils mit einem ungespannten Vokal) und *Hut, Tat, rot* (jeweils mit gespanntem Vokal) besteht der Endrand aus einem Konsonanten; die Schrift kodiert hier keinen Unterschied zwischen gespannten und ungespannten Vokalen. (Die Schreibungen können motiviert werden, aber nicht ausschließlich phonologisch, sondern auch morphologisch, vgl. Aufgabe 6, Kapitel 4). Zum anderen ist es nicht die primäre oder zumindest nicht die einzige Aufgabe der genannten Hilfsmittel, die Gespanntheit bzw. Ungespanntheit der Vokale zu zeigen. Im folgenden werde ich die einzelnen Markierungsmöglichkeiten näher beschreiben.

Das Dehnungs-<h>: Der Vokal vor dem Dehnungs-<h> wird gespannt gesprochen; das Dehnungs-<h> zeigt also positiv einen gespannten Vokal an. Aber es steht nicht immer nach einem gespannten Vokal.

Wann steht das Dehnungs-<h>? Rein statistisch steht es am häufigsten in Verben mit folgendem Stammende: gespannter Vokal – Dehnungs-<h> – Sonorant (insbesondere <r>, <l>, <m> und <n>) – (Flexions- bzw. Infinitivendung) zum Beispiel <fahren>, <mahlen>, <nehmen> und <dehnen>. Wie kann man sich eine solche Präferenz erklären? In *dehnen* erscheint das <h> überflüssig – die erste Silbe ist offen, der Vokal wäre sowieso gespannt (*deh-nen* wie auch in dem Pronomen *de-nen*). Betrachten wir das Flexionssystem der Verben, zunächst im Präsens Indikativ:

(1)		**Sg**	**Pl**
	1. Ps	dehn(e)	dehnen
	2. Ps	dehnst	dehnt
	3. Ps	dehnt	dehnen

Die zweisilbigen Formen würden alle zweifelsfrei einen gespannten Vokal verlangen, weil in den vorliegenden Zweisilbern die ersten Silben jeweils offen sind: *deh-nen*. Bei den einsilbigen Formen *dehnst – dehnt* würde ohne das Dehnungs-<h> präferiert ein ungespannter Vokal gelesen werden. Es sei noch einmal betont, dass die Längenausgleichsregel allein für morphologisch einfache Formen gilt. Die vorliegenden sind aber morphologisch komplexe Formen. In der Schrift ist das <h> damit als Hilfsmittel zu sehen; es zeigt die Gespanntheit des Vokals. Das Dehnungs-<h> steht vor Sonoranten, weil diese – aufgrund ihrer hohen Sonorität (,Stimmhaftigkeit') – die typischen ersten Bestandteile von komplexen Silbenendrändern sind.

Doppelvokal: Verdoppelt werden ausschließlich die Vokale <a>, <o>, <e>. Weder die Umlautvokale <ä>, <ö>, <ü> noch die Vokale

16

<i> und <u> können verdoppelt werden. Zumindest bei <ii> leuchtet das unmittelbar ein: In Handschriften wäre es wohl kaum zu unterscheiden von <ü>. Die anderen sind nicht ohne weiteres zu begründen, halten wir es an dieser Stelle einfach als Beobachtung fest. Für das <i> gibt es, wie schon erwähnt, zudem eine besondere Dehnungsgraphie – das <ie>.

Neef (2005: 165) gibt auf der Grundlage eines Manuskripts von Utz Maas folgende vollständige Liste von <aa> und <oo>-Schreibungen an:

(2) a. *Aal, Aas, Aast, alaaf, Baas, Haar, Maar, Maat, Paar, Saal, Saat, Staat, Waag, Waage*
   b. *Boofke, Boot, Boskoop, doof, Kloot, Koofmich, Koog, Moor, Moos, Noor, Soor, Woog, Zoo*

Für <aa>-Schreibungen sind dies 14 Beispiele, für <oo> 13; einige davon sind keine allgemein gebräuchlichen Wörter. Damit wird deutlich, dass die Vokalverdopplung im heutigen Standarddeutsch eine marginale Schreibung ist. Einzig für <ee> finden sich mehr, aber mit deutlichen Unterschieden. Von den oben genannten Wörter enden die meisten konsonantisch, das heißt den besagten Vokalverdopplungen folgt stammintern wenigstens ein Konsonant (außer *Zoo*), solche Fälle sind auch für <ee> selten:

(3) Paneel, Beet, Beere, Galeere, Heer, leer, Meer, Seele

<ee> kommt hingegen häufig am Stammende vor (Beispielliste nach Theissen u.a.)

(4) a. Fee, Idee, Klee, Lee, Porree, Tee, Schnee, See
   b. Allee, Armee, Chaussee, Kaffee, Klischee, Komitee, Livree, Moschee, Pürree, Resümee,
   c. Dublee, Exposee, Kommunikee, Varietee
   d. Frottee, Toffee
   e. Azalee, Kaktee, Orchidee

Die Wörter in (4d) sind unter anderem mit [i] im Auslaut zu sprechen; in (4e) auch zweisilbig [eə]. In (4c) sind Fremdwörter aufgelistet, die vor der Rechtschreibreform mit <é> geschrieben wurden. Die Akzentschreibung ist ihrer Herkunft geschuldet, <ee> kann hier als Eindeutschung gesehen werden, die Vorbilder wie in (4b) hat. Im Prinzip sind dies auch Fremdwörter, die zum großen Teil in ihrer Herkunftssprache (dem Französischen) mit <é> geschrieben wurden. Das Schriftbild in (4b) sind wir schlichtweg länger gewöhnt als das in (4c). Die Markierung in der letzten Silbe bei Substantiven leuchtet gerade bei dem Vokal *e* ein. Sehr typisch für viele Substantive ist folgende prosodische Struktur: Viele (einige

Tausend) Substantive (insbesondere feminine) sind zweisilbig, die zweite Silbe hat als Kern ein Schwa, also einen Reduktionsvokal, der graphematisch mit <e> wiedergegeben wird: *Rose, Wiese, Blume*. Viele Pluralformen von Substantiven sind prosodisch analog organisiert. Die meisten Maskulina und Neutra bilden ihren Plural auf Schwa: *Tische, Hunde, Schweine* usw. Auch die Pluralformen auf *-en* beinhalten graphematisch ein <e>, das phonologisch kein Vollvokal ist. Daher wird <e> bei Substantiven, wenn es sich um mehrsilbige Substantive handelt, wohl primär als Schwa gelesen. Die Verdoppelung von <e> am Wortende ist damit einleuchtend, wenn es denn als Vollvokal gelesen werden soll. Damit <e> in *Kaffee* gespannt oder zumindest als Vollvokal gelesen werden kann, wird es verdoppelt. <e> verhält sich anders als die anderen Vokale, weil es in der Graphem-Phonem-Beziehung nicht eindeutig ist; es steht sowohl für zwei Vollvokale (einen gespannten /e/ und einen ungespannten /ɛ/) als auch für den Reduktionsvokal /ə/.

Die Einsilber wie *Tee* in (4a) sind damit allerdings noch nicht geklärt: Reduktionssilben treten (bei Substantiven) nur in Mehrsilbern auf. Die Beispiele in (4a) sind Einsilber ohne Silbenendrand, also trägt der Vokal den Akzent und er ist gespannt, eine Markierung scheint auf den ersten Blick überflüssig. Bei einer kompositionsfreudigen Sprache wie dem Deutschen rücken auch einsilbige Stämme häufig in hintere Silbenpositionen, Schreibungen wie *<Bergse> und *<Pfefferminzte> erscheinen dann ungünstig; die Schreibung <ee> ergibt sich auch für einsilbige Stämme.

Doppelvokal vs. Dehnungs-<h>: Wir haben beobachtet, dass beide Dehnungsgraphien das gleiche bewirken – sie dienen der Verdeutlichung eines gespannten Vokals insbesondere vor den Konsonanten, die häufig als erste in komplexen Endrändern vorkommen. Wir haben weiterhin beobachtet, dass <h> eher bei Verben vorkommt, der Doppelvokal eher bei Substantiven. Außerdem ist die explizite Markierung der Vokalgespanntheit bei Verben weitaus systematischer als bei Substantiven. Das Dehnungs-<h> kommt sehr viel häufiger vor als der Doppelvokal. Nun finden sich aber gerade für die offenen Silben bei Substantiven beide Schreibvarianten, beide im Prinzip gleichermaßen selten. Für <ee> sind die Beispiele oben genannt, für das Dehnungs-<h> finden sich (innerhalb der morphologisch einfachen) die folgenden: *Reh, Floh, Stroh, Schuh*. Eine mögliche Erklärung ist in Aufgabe 4 gefragt.

Die Konsonantenverdoppelung – das Silbengelenk: Wir haben nun einige Markierungen gesehen, die eindeutig auf einen gespannten

18

Vokal hinweisen. Dabei geht es nicht primär um die Darstellung der Gespanntheit, sondern im Zusammenhang der gesamten Silbe um eine Verdeutlichung. Was dabei deutlich geworden sein sollte: Gespanntheit des Vokals wird nicht grundsätzlich angegeben, sondern dann, wenn bestimmte andere Faktoren die ungespannte Lesung nahelegen könnten. Bis zu einem gewissen Grad analog kann die Geminatenschreibung (die Verdoppelung eines Konsonantgraphems) gesehen werden. So ist zwar richtig, dass der Vokal vor einer Geminate ungespannt zu lesen ist, aber es ist nicht richtig, dass der ungespannte Vokal die Geminatenschreibung bedingt (sonst müssten wir *an, bis, man, es* usw. auch jeweils mit Geminate schreiben). Auch hier liegt eine zunächst silbische Regularität zugrunde: Silbengelenke oder auch ambisilbische Konsonanten werden graphematisch durch eine Geminate wiedergegeben: *Kappe, Matte, Ebbe, Kladde, Roggen, Masse, Affe, Amme, Rinne, Tolle.* **Silbengelenke** sind solche Konsonanten, die zu beiden Silben ,gehören'. Ihre Position kann genau beschrieben werden: Zwischen einem betonten, ungespannten und einem unbetonten Vokal steht genau ein Konsonant. Silbengelenke sind phonologisch ein Konstrukt, aber ihre genaue Positionsbeschreibung macht sie dennoch zu einer systematischen Erscheinung. Im Deutschen werden Silbengelenke durch Konsonantverdopplung gekennzeichnet, graphematisch wird die Silbe geschlossen.

Silbengelenke tauchen folglich nur zwischen zwei Silben auf, in Einsilbern können Doppelkonsonanten so also nicht beschrieben werden. Für Schreibungen wie *Kamm, Mann, Blatt, Ball* usw. ist zusätzlich ein morphologisches Prinzip anzunehmen. Man schreibt *Kamm* mit Doppel-<m>, weil die entsprechende Pluralform *Kämme* heißt. Bei <kämme> ist der doppelte Konsonant silbisch bedingt, bei <kamm> morphologisch.

Eine solche Sicht führt dazu, dass zwar die Doppelkonsonantschreibung auf einen ungespannten Vokal hinweist, aber nicht umgekehrt. Besonders schön kann man das an dem Paar <mann> und <man> sehen: Phonologisch unterscheiden sich die beiden Formen nicht. Das Substantiv <mann> schreibt man mit Doppel-<n>, weil die Pluralform <männer> heißt und hier ist der Konsonant ein Silbengelenk. Zu dem Pronomen <man> gibt es keine zweisilbigen Flexionsformen; daher besteht auch kein Grund für die Verdoppelung des Konsonanten. Hier ist deutlich zu erkennen, dass nicht der ungespannte Vokal die Ursache für die Konsonantenverdoppelung ist. Die Phänomene sind aufeinander zu beziehen; handelt es sich bei dem doppelten Konsonanten nicht phonologisch um ein Silbengelenk, so ist die Schreibung morphologisch zu begründen (S. 28).

Besondere Gelenkschreibungen: Nicht alle Konsonanten werden graphematisch im Gelenk einfach verdoppelt. Auf der einen Seite gibt es besondere Gelenkschreibungen wie <ck> für ein ambisilbisches /k/ (*Zucker*) und <tz> für /ts/ im Gelenk. Die Grapheme <ch> und <sch> werden auch im Silbengelenk nicht verdoppelt: <waschen>, nicht *<waschschen>, das Gleiche gilt für die Schreibung des velaren Nasals <ng>: <singen>, nicht *<singngen>.

<ck> ist eine Sonderregelung, die historisch bedingt ist. Vor der Rechtschreibreform wurde hier der direkte Zusammenhang bei der Silbentrennung hergestellt, indem man <zuk-ker> trennte.

Auch für die Affrikate /ts/ gibt es eine besondere Schreibung im Silbengelenk, nicht <zz> (wie es immerhin in <pizza> vorkommt), sondern **<tz>** wie in <katze>. In gewisser Weise wird hier die Affrikate phonographischer wiedergegeben /ts/ – <tz>, zumindest als Lautverbindung. Man kann hier generell fragen kann, warum sie eigentlich nicht immer so geschrieben wird, also nicht *<tzehn> statt <zehn>? Nun, das Graphem <z> ist im Deutschen nicht anders besetzt. Bei der anderen Affrikate /pf/ gibt es keine entsprechende einfache Schreibung, die Eindeutigkeit wäre dann aufgehoben. Die Affrikate /ts/ wird im Anlaut <z> geschrieben, weil das Graphem keine andere Funktion hat.

Die anderen Besonderheiten sind ebenfalls interessant: Die Bi- und Trigraphen werden nicht verdoppelt. Die Begründung liegt auf der Hand: Es sind sowieso schon mehrere Buchstaben. Die Buchstabenhäufung wird nicht noch verdoppelt. Der folgende Abschnitt zeigt, dass dennoch sehr häufig die Ungespanntheit des Vokals erkannt werden kann.

Ungespanntheit und Mehrgraphen: Im folgenden Abschnitt werden zwei Fragen bearbeitet, die sich dem einen oder anderen Leser möglicherweise schon gestellt haben: (i) Wieso werden eigentlich manche Phoneme durch Mehrgraphen dargestellt? (ii) Schadet es der Vokalerkennung, wenn Mehrgraphen im Silbengelenk graphematisch nicht gekennzeichnet werden?

Ein tieferer Blick in die phonologischen Gegebenheiten im Deutschen zeigt, dass sich die Phoneme, die mit Mehrgraphen wiedergegeben werden, silbisch anders verhalten als vergleichbare Phoneme. So gehen im allgemeinen den Konsonanten /ʃ/, /ç/ und /ŋ/ kaum gespannte Vokale voran. Das ist eine Beobachtung über das Deutsche:

(3)

	gespannte Vokale	ungespannte Vokale
<sch>	Plüsch	rasch, Tisch, Frosch, Busch, Gebüsch, fesch
<ch>	Buch, Tuch, Versuch	Geruch, Spruch, Bruch ich, Pech, Bach, Loch
<ng>		Fang (Anfang, Umfang...), Gang (Eingang, Vorgang,...), streng, Pudding, Keimling, Gong, -ung (Beobachtung, Zeitung)

In den meisten Fällen geht den Phonemen, die mit Mehrgraphen verschriftet werden, ein ungespannter Vokal voran. Für <ng> scheint das sogar ausnahmslos zu gelten. Selbst wenn man hier jeweils von einem Graphem ausgeht, so wird durch die Bi- und Trigraphigkeit mit angegeben, dass der Vokal vorher als ein ungespannter zu lesen ist. Das kann dann auch heißen, dass es kein Zufall ist, dass ausgerechnet die entsprechenden Phoneme durch Mehrgraphen wiedergegeben werden, also diejenigen (einfachen) Phoneme, die fast ausschließlich ungespannten Vokalen im Deutschen folgen.

Wie sieht das in der Position zwischen den Silben aus? Zwischensilbisch werden die Beispiele *Dusche* und *Küche* genannt, wo es bekanntermaßen zwei mögliche Aussprachen gibt [duʃə] – [dʊʃə], [kyçə] – [kʏçə]. Mit einem eindeutig gespannten Vokal habe ich bei [ʃ] nur *Nische* und *Rüsche* gefunden (nach Theissen u.a. 1992). Bei [x] finden sich: *Lache*, *Brache* und *Sprache*, *Suche*; die letzten beiden sind auch synchron als morphologisch komplex zu erkennen, die ersten beiden sind zumindest diachron morphologisch komplex (*Brache* von *brechen – brach*), vgl. Pfeifer u.a. (1993). Bei [ç] finden sich *Küche* in einer möglichen Aussprache und *Psyche* als Fremdwort. Es finden sich also vor Mehrgraphen mitunter gespannte Vokale, aber doch eher selten. Von den wenigen Fällen sind einige morphologisch komplex, für andere gibt es variable Aussprachen. Damit kann man einerseits als Tendenz festhalten, dass die Mehrgraphigkeit der entsprechenden Phoneme im heutigen Deutsch kein bloßer Zufall ist und andererseits, dass sie intervokalisch im allgemeinen Silbengelenke sind und sich daraus die Ungespanntheit des vorangehenden Vokals ergibt.

Dem velaren Nasal scheinen ausnahmslos ungespannte Vokale vorauszugehen. Die Schreibung als Bigraph passt mit dieser Beobachtung zusammen; die Schreibung spiegelt hier durchaus die phonologischen Gegebenheiten wieder.

3.2 Silbeninitiales <h>

Neben dem Dehnungs-<h> finden wir in der Graphematik des Deutschen auch ein silbeninitiales <h>. Es steht zwischen zwei Vokalen, die beide einen Silbenkern bilden. Im häufigsten Fall steht es nach betonter offener Silbe und vor einer (unbetonbaren) Schwa-Silbe: <ruhe>, <nahe>, <drohen>, <ehe>. Das Dehnungs-<h> und das silbeninitiale <h> sind zum Teil vergleichbar, zum Teil nicht. Sie stehen typischerweise nach gespannten Vokalen und sind damit im weiteren Sinne beide Dehnungszeichen. Das Dehnungs-<h> steht aber in Kombination mit anderen Konsonanten und ist – wie wir gesehen haben – insbesondere in komplexen Endrändern eine ‚Lesehilfe‘. Das silbeninitiale <h> hingegen steht als einziger Konsonant zwischen zwei Silbenkernen.

Im folgenden soll es darum gehen, eine Systematik für das silbeninitiale <h> herauszufinden. Es steht, wie gesagt, zwischen zwei (silbischen) Vokalen; meistens ist die erste Silbe betont, die zweite ist phonologisch eine unbetonbare Schwasilbe. Graphematisch meint dies einen Silbenkern <e>. In der ersten Silbe können alle Vokale stehen; selten jedoch einfaches <i>, häufiger <ie>. Bei den Diphthongen steht <h> häufig nach <ei>: <reihe>, aber nicht nach <au>, <äu>, <ai> und <eu>.

Mit Eisenberg (2006a:315) kann man das silbeninitiale <h> vor Schwa-Silben folgendermaßen erklären: Schreibungen wie <rue> (statt <ruhe>), <nae> (statt <nahe>) könnten als Umlautschreibung interpretiert werden, da Umlaute graphematisch als <ae>, <oe> oder <ue> wiedergegeben werden können. Bei den Vokalen <i> und <e> wird direkt folgendes <e> eher als Dehnungsschreibun interpretiert und es kann bei Aufeinanderfolgen wie <eie> und <iee> zu Segmentierungdoppeldeutigkeiten kommen: <eie> als <ei-e> oder <e-ie> und entsprechend <iee>. Das silbeninitiale <h> verdeutlicht die Segmentierung in <reihen> und <fliehen>.

Ist das silbeninitiale <h> stumm oder nicht? Das Dehnungs-<h> kann gar keine phonologische Entsprechung haben, das silbeninitiale <h> hingegen schon. Der glottale Frikativ /h/ kann überhaupt nur alleine im Anfangsrand im Deutschen gesprochen werden. In der gesprochenen Sprache ist das silbeninitiale <h> im allgemeinen stumm, aber es ist auch nicht unmöglich, es zu realisieren: Eine Explizitlautung wie [ge.hən] ist nicht völlig ungrammatisch. Und dafür gibt es eine einfache Begründung: Je deutlicher und expliziter man versucht, die zweite Silbe auszusprechen, desto mehr bekommt sie einen Anfangsrand, so wie [ʔalt] im Deutschen phonologisch mit dem glottalen Verschlusslaut anfängt. [h] ist ein glottaler Frikativ, beide glottalen Laute im Deutschen sind stimmlos. Der Unterschied ist genau genommen so groß nicht. Die Diskussion um die Stummheit von <h> hat wesentliche didaktische Folgen. Weil das silbeninitiale <h> keine phonologische Entsprechung haben muss, bereitet es durchaus Schwierigkeiten im Schriftspracherwerb. Eine silbenstrukturelle Erklärung ist auch didaktisch wesentlich sinnvoller als eine phonographische.

Sprachgeschichtlich war das silbeninitiale <h> nicht stumm. Im Mittelhochdeutschen gab es einen Frikativ, der auch am Silbenendrand artikuliert werden konnte (er ging in die Richtung des heutigen /ç/, der durch das Graphem <h> wiedergegeben wird. Dass es einen solchen Frikativ gab, ist heute noch deutlich an Paaren wie <sehen> – <Sicht> zu erkennen.

3.3   Zur zweisilbigen Schreibung von *gehen*

Die Infinitive von *gehen, drehen, fühlen* usw. werden in den meisten Realisierungen einsilbig gesprochen [gen]. Geschrieben werden sie zweisilbig. Es ist ein anderer Fall als [zegl̩], s. S.14, in dem zwar in der zweiten Silbe kein Vokal gesprochen wird, aber ein silbischer Konsonant. Kann die Schreibung *gehen* dennoch systematisch hergeleitet werden? Es ist eine Beobachtung über das Deutsche, dass Verbinfinitive (wenigstens) zweisilbig geschrieben werden, mit genau zwei Ausnahmen: *sein, tun*. Mit Hilfe der Wortkategorie ‚Verb‘ sind die Schreibungen also herzuleiten.

3.4   Kontextabhängige Schreibung [ŋ]

Die Phonem-Graphem-Beziehungen geben an, dass der velare Nasal [ŋ] <ng> geschrieben wird. Das ist nur die halbe Wahrheit: es gibt eine Kontextbeschränkung. Vor <k> wird er lediglich mit <n> wiedergegeben. Wir schreiben <krank> und nicht *<krangk>. Es ist eine Spezialregel, die aber nicht ausschließlich für die Schreibung gilt. Auch phonologisch ist diese Kontextsensibilität etwas Besonderes, denn an dieser Stelle ist der velare Nasal eigentlich kein selbständiges Phonem: Hier kann zum Beispiel nicht der alveolare Nasal [n] stehen, das heißt zwischen [n] und [ŋ] besteht hier kein phonematischer Unterschied derart, dass sie bedeutungsunterscheidend wären wie an anderen Positionen (*sinnen – singen*

[zɪŋən] – [zɪŋən]). In der Position vor [k] sind es Assimilations-
varianten, der Nasal wird an den Artikulationsort des Plosivs ange-
passt. Die Schreibung bleibt phonematisch, vergleichbar der *s*-
Schreibung, s. Abschnitt 2.4.

3.5 Zusammenfassung

Mit den silbischen Schreibungen sind im wesentlichen die Schreibungen gemeint, die zwar phonologisch bedingt sind, aber nicht
‚phonographisch'. Mitunter werden ‚stumme' Grapheme eingeführt, wie das Dehnungs-<h>, das silbeninititale <h>, die Konso-
nantenverdopplung oder die Vokalverdopplung. Bei allen diesen
Schreibungen ist ein Zusammenhang zur Vokalqualität zu sehen.
Die unterschiedliche Vokalqualität wird auf der segmentalen – der
phonographischen – Ebene nicht beachtet, erst auf der nächsthöhe-
ren, der silbischen Ebene kommt es zu einer weitgehend eindeutigen Markierung.

Aufgaben

1. Suchen Sie aus einem rückläufigen (zum Beispiel Mater 1989) Wörterbuch
oder als Volltextsuche 20 Verben heraus, die im Infinitiv auf <hnen>, <hlen>
oder <hren> enden. Finden Sie solche Verben mit allen Vokalen?
2. Wie werden in der Regel Verben geschrieben, deren Stamm phonologisch
auf Diphthong enden, mit oder ohne <h>? Suchen Sie nach entsprechenden
Verben und versuchen Sie die jeweils häufigere Schreibung für jeden Diphthong einzeln zu begründen.
3a. Die Doppelvokalschreibung kommt vorwiegend bei den Substantiven vor,
kaum bei den Verben. Wann entstehen bei Substantiven wie *Moor, Aal, Beet,
Saal* komplexe Silbenendränder ?
b. Überlegen Sie, wie häufig die entsprechenden Formen mit komplexen Silbenendrändern aus 3a. vorkommen und wie häufig Formen mit komplexen
Endrändern von Verben wie *dehnen, lehnen, wohnen, wählen* usw. vorkommen.
4. Vergleichen Sie die Pluralformen der Wörter *Reh, Floh, Schuh* (und *Stroh*)
mit denen von *See, Knie, Fee.* Liefern diese eine ‚Erklärung' für die unterschiedlichen Schreibungen?
5. Erstellen Sie eine Liste der Silbengelenke und ihrer jeweiligen Schreibungen.
6. Der velare Nasal [ŋ] kommt phonologisch typischerweise in genau drei
Positionen vor: 1. alleine am Silbenende [dɪŋ], 2. im Silbengelenk [klɪŋən], 3.
als Assimiliationsvariante vor [k] in [daŋkə]. Erläutern Sie die jeweilige
Schreibung.
7. Suchen Sie zwanzig (native!) Wörter bzw. Wortformen, in denen ein <h>
vorkommt. Überlegen Sie jeweils, um was für ein <h> es sich handelt (ein pho-

nographisches, ein Dehnungs-<h>, ein silbeninitiales <h> oder ein morphologisch bedingtes <h> durch Bezug auf ein silbeninitiales oder dehnendes <h>).
8. Das silbeninitiale <h> und das Dehnungs-<h> stehen nicht zusammenhanglos nebeneinander. Beschreiben Sie den Zusammenhang zwischen Formen wie <drehen> – <drehst> im Vorgriff auf das nächste Kapitel (morphologische Schreibungen).
9. In Aufgabe 3 in Kapitel 2 haben Sie Graphem-Phonem-Beziehungen dargestellt und potentielle Doppeldeutigkeiten festgehalten. Wahrscheinlich haben Sie insbesondere die Vokalschreibungen auf der Graphem-Phonem-Ebene als nicht eindeutig herausgefunden. Inwieweit helfen hier die silbischen Schreibungen? Wann ergeben sich mit den hier vorgestellten Mitteln eindeutige Lesungen bezüglich der Gespanntheit und wann bleiben auch hier Doppeldeutigkeiten bestehen?
10. Formulieren Sie im Sinne der Schreibung-Lautung-Richtung Regeln für die Aussprache von <h>. Wann ist es ‚stumm' und wann nicht?

Weiterführende Literatur
Butt/Eisenberg (1990); Dürscheid (2006:134f.); Eisenberg (2006a:310ff.); Maas (1992:22-25); Neef (2005); Primus (2003); Ramers (1999).

4. Morphologische Schreibungen

‚Morphologische' Schreibung meint das Prinzip der **Morphemkonstanz**. Wörter oder Wortformen, die in einer morphologischen Beziehung stehen, werden ähnlich oder gleich geschrieben, sofern es einer phonographischen Schreibung nicht widerspricht. Morphologische Schreibungen gelten insbesondere für Flexionsformen des gleichen lexikalischen Wortes, zum Beispiel <apfel> – <äpfel>. Die beiden Formen sind morphologisch verwandt, *Äpfel* ist die Pluralform zu *Apfel*. Phonographisch würde man <apfel> – <epfel> schreiben. Das erste Graphem in <äpfel> ist lediglich morphologisch zu begründen, <ä> ist dem <a> in seiner Form ähnlich. Wie in 2.2, S.8 ausgeführt, fällt der Umlaut des ungespannten [a] phonologisch mit dem ungespannten [ɛ] zusammen, die Schrift hingegen kann den entsprechenden Umlaut als solchen kennzeichnen. Das ist ein Beispiel für eine morphologisch begründete Schreibung.

Die Möglichkeiten für morphologische Schreibungen sind relativ beschränkt, weil auch eine morphologische Schreibung nicht zu einer anderen Lesung führen darf, das heißt in dem entsprechenden Beispiel, dass sowohl <ä> als auch <e> als [ɛ] gelesen werden können. Die Möglichkeiten sind hier ‚stumme' Grapheme wie ein stummes <h>, die (graphematische) Vermeidung der Auslautverhärtung und die Schreibung von <ä> statt <e> für die jeweiligen ungespannten Vokale.

4.1 <ä> oder <e>

Sowohl <ä> als auch <e> kommen in den Phonem-Graphem-Beziehungen vor. /e/, /ɛ/ und /ə/ schreibt man als <e>, /æ/ als <ä>. Das sind zumindest die grundlegenden Prinzipien. /æ/ bzw. <ä> werden als Umlaute von /ɑ/ bzw. <a> interpretiert. Umlaut lässt sich auf verschiedenen Ebenen erläutern:

- Phonologisch ist Umlautung eine Frontierung bzw. eine Hebung. Bei den nicht-tiefen Vokalen ist das deutlich. So stehen /y/ und /u/ in folgendem Verhältnis: /u/ ist ein hinterer oberer gerundeter Vokal, /y/ ein vorderer oberer gerundeter Vokal. Das heißt Umlautung ist eine Frontierung unter Beibehaltung der Lippenrundung, zur weiteren phonologischen Erläuterung vgl. Meibauer u.a. (2007:96).
- Graphematisch ist die Beziehung deutlich: <u> und <ü> unterscheiden sich durch zwei Punkte, alternativ kann der Umlaut auch graphematisch durch ein zusätzliches <e> wiedergegeben werden <ue>.
- Morphologisch stehen die nicht-umgelauteten Vokale und die entsprechenden Umlaute in einer Beziehung, das heißt <u> und <ü>, <o> und <ö> und <a> und <ä> stehen in morphologisch verwandten Wörtern wie in (i) der Pluralbildung: *Mutter – Mütter, Wand – Wände*, (ii) der Verbflexion: *ich fahre – du fährst, ich nahm – nähme*, (iii) der Komparation: *groß – größer*, (iv) der Ableitung: *Hund – Hündchen, rot – rötlich.*

Soweit zum Umlaut allgemein. Die Grapheme <ü> und <ö> ergeben sich hundertprozentig aus den Phonem-Graphem-Beziehungen, das heißt ihnen entsprechen auch eigene Phoneme. Das Graphem <ä> ergibt sich nur zum Teil aus den Phonem-Graphem-Beziehungen.

Wir haben sowohl gespannte als auch ungespannte Umlaute. Das Besondere im phonologischen System liegt bei der Umlautung des unteren ungespannten Vokals, also /a/. Der entsprechende Umlaut fällt phonologisch mit /ɛ/ zusammen (die Vokale in *fällt* und *Feld* klingen gleich). In der Schreibung wird aber sehr wohl der Umlaut unterschieden: man schreibt *fällt* mit <ä> wegen <fallen>; <ä> in <fällt> ist morphologisch bedingt. Betont sei, dass ausschließlich bei der Schreibung von <ä> die primäre Phonem-Graphem-Beziehung überlagert werden kann, weil eine mögliche Lesung von <ä> [ɛ] ist, die Schreibung widerspricht hier nicht der Aussprache. Sämtliche Änderungen der Rechtschreibreform auf der Phonem-Graphem-Ebene sind dieser Korrespondenz geschuldet (<Gämse>, <behände>, <aufwändig>). Es geht nur hier, weil es lautlich keinen Unterschied macht.

Bei der entsprechenden gespannten Variante sind zwei Interpretationen möglich, die zur gleichen Schreibung führen. So wird *Räte* (eine Pluralform von *Rat*) sowohl [ʀætə] als auch [ʀɛtə] ausgesprochen. In der ersten Variante ergibt sich die Schreibung <räte> bereits aus den Phonem-Graphem-Beziehungen; in der zweiten Variante aus den phonographischen Schreibungen <rete>. Die Schreibung <räte> ergibt sich erst aufgrund der Morphemkonstanz.

4.2   Übernommene silbische Schreibungen

Die Schreibung von <h>: In 3.1 wurde die Schreibung von <h> in zweierlei Hinsicht beschrieben – als silbeninitiales <h> und als Dehnungs-<h>. Beide bleiben morphologisch erhalten, sie wurden ja bereits zum Teil morphologisch hergeleitet. Durch die Morphemkonstanz ergeben sich hier aber Übergänge.

Viele Verben werden mit einem Dehnungs-<h> geschrieben, um zu verhindern, dass bei komplexen Endrändern von flektierten Formen der Vokal ungespannt gelesen wird. Ein Beispiel ist die Schreibung von phonologisch [denən]: Als Pronomen wird es <denen> geschrieben, als Verb <dehnen>. Für den Infinitiv des Verbs ist das <h> gewissermaßen überflüssig, es handelt sich um eine betonte offene Silbe, der Vokal wäre sowieso gespannt zu lesen. Die Verbform wird aber dennoch mit <h> geschrieben, weil in Formen wie <dehnst> das <h> sehr hilfreich ist.

Betrachten wir auf der anderen Seite das silbeninitiale <h> wie in <dre-hen>. Auch hierzu finden sich komplexe Formen wie <drehst>, auch hier zeigt das <h> durchaus die Dehnung an, wenn auch nicht primär. Das heißt in der Systematik ist dieses <h> als silbeninitiales viel besser zu erfassen, das heißt aber nicht, dass es nicht auch die Gespanntheit des Vokals kennzeichnen kann.

Beide silbenstrukturellen Systematiken von <h> werden durch die Morphemkonstanz in andere Flexionsformen übernommen.

Doppelkonsonant: Die Doppelkonsonantschreibung ist im allgemeinen primär phonologisch begründet: Handelt es sich phonologisch um ein Silbengelenk, so wird ein Doppelkonsonant (bzw. die Sonderentsprechungen wie <ck>) geschrieben. Aber umgekehrt ist nicht jeder Doppelkonsonant ein Silbengelenk, sondern ein Doppelkonsonant kann auch durch Morphemkonstanz begründet sein. So sind die Schreibungen <man> und <mann> morphologisch zu unterscheiden. Beide werden [man] ausgesprochen, die phonographische Schreibung ist jeweils <man>. Dass <mann> mit Doppel-<n> geschrieben wird, liegt an dazugehörigen Flexionsformen wie <männer> – hier ist /n/ ein Silbengelenk und wird entsprechend verdoppelt.

Für die Morphemkonstanz beim Doppelkonsonanten gibt es strukturelle Ausnahmen in unbetonten Silben. So werden die Suffixe -in und -nis nur mit jeweils einem Konsonanten geschrieben, obwohl sie zum Beispiel in den Pluralformen verdoppelt werden *Lehrerinnen* – *Hindernisse*. Die Morphemkonstanz gilt hier nur für betonte Silben; möglicherweise um unbetonten Silben nicht zu viel graphematische Substanz zu geben.

Doppelvokal: Bei den Doppelvokalen verhält es sich insofern ein wenig anders, als sie nicht umlautfähig sind. Zwischen <saal> – <säle> besteht eine morphologische Beziehung und eine Schreibung *<sääle> wäre anzunehmen. Diese Schreibung wird aber von einer Regel verhindert, nach der die Verdopplung von Umlautvokalen nicht zulässig ist. Ansonsten wird die Doppelvokalschreibung innerhalb der morphologischen Beziehung beibehalten: <paar> – <paare>, <haar> – <haare>, <moor> – <moore>.

4.3 Auslautverhärtung – Inlauterweichung

Im Deutschen gibt es eine relativ strikte Regel, die besagt, dass Obstruenten (Plosive und Frikative) im Silbenendrand immer stimmlos zu artikulieren sind. Dies wird in der Phonologie als Auslautverhärtung beschrieben, vgl. zum Beispiel Meibauer u.a. (2007:99). Allerdings ist umstritten, inwieweit es eine wirkliche Neutralisation ist, vgl. Brockhaus (1995). Nichtsdestotrotz dürfte die Schreibung <hunt> als phonographisch gelten; <hunt> zu schreiben ist auch ein typischer Schritt im kindlichen Schriftspracherwerb. Das Prinzip der Morphemkonstanz bewirkt die Schreibung <hund>: der Plural heißt *Hunde* [hʊndə] und wird phonographisch <hunde> geschrieben. Der stimmhafte Plosiv steht nicht im Silbenendrand, sondern im Silbenanfangsrand der zweiten Silbe. Da im

Deutschen ‚stimmhafte' Obstruenten im Auslaut nicht stimmhaft gesprochen werden, führt eine Schreibung <hund> nicht zu einer Lesung *[hʊnd], weil der Sprecher automatisch die Regel der Auslautverhärtung anwendet.

Bei den Plosiven kann recht häufig eine Auslautverhärtung angenommen werden in dem Sinne, dass es häufige Paare mit dem entsprechenden Wechsel gibt: *Stab – Stäbe* [ʃtap] – [ʃtebə] oder [ʃtæbə], *Bild – Bilder* [bɪlt] – [bɪldəʀ]/ [bɪldɐ], *König – Könige* [kønɪk] oder [kønɪç] – [kønɪgə]. Die Schrift folgt hier dem morphologischen Prinzip. Es wird auch am Silbenende das Graphem für die stimmhafte Variante geschrieben, wenn in morphologisch verwandten Formen die entsprechende stimmhafte Variante vorkommt. Im synchronen System des Deutschen gibt es wenige (wenn auch hochfrequente) Formen, in denen am Silbenende das Graphem für einen stimmhaften Obstruenten steht, auch wenn es keine entsprechenden morphologisch verwandten Formen gibt: Wörter wie *und, ab* und *ob*. Ihre Schreibung ist lediglich historisch zu begründen. Sie halten sich im synchronen System vermutlich, weil sie relativ häufig sind.

Die Frikative verhalten sich bereits phonologisch deutlich anders hinsichtlich der Auslautverhärtung als die Plosive. Daraus folgen auch einige Besonderheiten für die Schreibung von Frikativen. Bei den Frikativen können zwar Paare ‚stimmlos – stimmhaft' angesetzt werden, im Sinne der Auslautverhärtung sind sie es aber häufig nicht, das heißt sie treten nicht alternierend auf. Am relativ häufigsten kommt sie vor bei den labialen Frikativen [f] – [v] und den alveolaren Frikativen [s] – [z].

Bei den alveolaren Frikativen hatten wir eine besondere Korrespondenz mit Unterspezifikation angenommen, S.10. Die Position, in der [s] und [z] sich unterscheiden, gilt für die Zweisilber, wie in *heißer – heiser*. Auch bei dieser Schreibung gilt die Morphemkonstanz: *große – groß, heißer – heiß*.

Bei den labialen Frikativen findet sich der entsprechende (phonologische) Wechsel zum Beispiel bei *doof* und bei *brav*: [dof] – [dovə] und [bʀaf] – [bʀavə]. Phonologisch findet der gleiche Wechsel im Auslaut statt, die beiden Auslaute werden aber unterschiedlich geschrieben, einmal mit <f> und einmal mit <v>.

Nach den Graphem-Phonem-Beziehungen wäre hier keine der beiden vorhandenen Schreibungen zu erwarten, sondern <w>, vgl. S.9, wie zum Beispiel in <wal> oder <löwe>. Wir haben aber an verschiedener Stelle gesehen, dass Graphem-Phonem-Beziehungen von kontextabhängigen Bedingungen überlagert werden. Das ist auch hier der Fall, <w> kommt am Ende von einsilbigen nativen Wörtern nicht vor. Bei genauerer Betrachtung ist dieser Stimmhaft-stimmlos-Wechsel relativ selten; häufiger ist er bei nicht-nativen Wörtern und hier insbesondere bei Wörtern auf -iv (*aktiv, nativ, relativ – aktive, native, relative*). Ansonsten kommt er bei Zahlwörtern des Typs *fünf, elf, zwölf* vor, in denen mitunter Erweiterungen wie *fünfe* usw. möglich sind, phonologisch die stimmhafte Variante. Letztendlich handelt es sich sowohl bei den Fällen um <doof> als auch um <brav> um relativ vereinzelte Beispiele; durch die Seltenheit der tatsächlichen Auslautverhärtung an dieser Stelle hat sich hier keine Schreibregularität herausgebildet, außer der konstanten Schreibung der Morpheme.

[ç] – [ʝ] werden zwar als Stimmlos-stimmhaft-Opposition in einem Phonemsystem des Deutschen angenommen (zum Beispiel Eisenberg 2006a:93). Sie stehen aber nicht im Sinne der Auslautverhärtung zueinander. Es gibt keinerlei Wechsel zwischen beiden in morphologisch verwandten Wortformen, wie zum Beispiel *manch – manche* [manç] – *[manjə].

Auch für [ʃ] – [ʒ] bestehen keine Minimalpaare im Deutschen. Das liegt schon daran, dass [ʒ] in nativen Wörter nicht vorkommt. Das einzige Paar, das sich findet für eine Auslautverhärtung bzw. eine Inlauterweichung, ist *orange* [oʀaŋʃ] – *Orange* [oʀaŋʒə]. Hier ist schon die Schreibung von [ʒ] nicht ganz deutlich, denn voran geht der velare Nasal, zumindest in einer möglichen Aussprache. Dennoch kann man festhalten, dass auch hier nach dem Prinzip der Morphemkonstanz geschrieben wird.

Bei den Frikativen ist die Auslautverhärtung stark eingeschränkt: bei [z] – [s] kommt sie noch relativ häufig vor, bei [v] – [f] ist sie im nativen Bereich stark eingeschränkt, bei den anderen Frikativen kommt sie fast nicht vor. Das ist eine Beobachtung im phonologischen System im Deutschen. Im graphematischen System findet sich bei den alveolaren Frikativen <s>, <ß> eine relative Systematik. Morphemkonstanz wird in allen diesen Fällen beibehalten. Bei den Plosiven wird die Auslautverhärtung in der Schrift in jedem Fall adäquat abgebildet.

4.4 Flexion – Derivation

Zwei große Teilbereiche der Morphologie sind die Flexion (Wortbeugung) und die Derivation (Teil der Wortbildung). In der Flexion werden Wortformen eines Wortes beschrieben, so gehören *Mann* und *Männer* zu dem gleichen Wort, nämlich dem lexikalischen Wort ‚Mann'. Wortbildung wäre zum Beispiel *männlich*, aus dem Substantiv *Mann* wird mit Hilfe des Derivationssuffixes *-lich* ein Adjektiv gebildet (mit einem eigenen Flexionsparadigma *männlich, männliche, männliches* usw.). Die Frage, die hier beantwortet werden sollte, ist: Gelten die morphologischen Schreibungen gleichermaßen für die morphologischen Prozesse? Eine mögliche Antwort ist aus Beispielen wie *Job* zu erwarten. Warum wird es mit einem <b> und nicht <Jobb> geschrieben wird, obwohl es *jobben* gibt? Mit der gleichen Begründung könnte man die Schreibung <tipp>, die die Reform vorsieht, ablehnen. In dieser Argumentation gelten morphologische Schreibungen nur für Flexionsformen. Diese Argumentation ist aber nicht durchzuhalten, denn besagtes <männlich> wird mit Doppel-n geschrieben, obwohl der Konsonant in diesem Wort niemals zu einem Silbengelenk würde. Die Systematik ist noch ein wenig komplexer (vgl. Aufgabe 3).

4.5 Zusammenfassung

Über die phonographischen und silbischen Schreibungen lagern sich die morphologischen. Hier wird manches auf morphologisch verwandte Formen übertragen, auch wenn die phonologischen (insbesondere die silbischen) Bedingungen für die jeweiligen Schreibungen gar nicht gegeben sind. Dies betrifft im Prinzip alle silbischen Schreibungen. Von den segmentalen Schreibungen betrifft es insbesondere die Schreibung <ä> für [ɛ]. Die Schreibung folgt morphologischen Prinzipien, wenn es phonographischen Schreibungen nicht widerspricht.

Aufgaben

1. Leiten Sie aus den Phonemketten [man] – [mɛnɐ] die Graphemketten <mann> – <männer> her.
2. Die Schreibungen <doof> und <brav> sind vom Silbenende her überraschend. Man sollte erwarten, dass sie mit dem gleichen Graphem enden. Begründen Sie in diesem Sinne die theoretisch möglichen Schreibungen <doow>, <doov> und <braw>, <braf> und vergleichen Sie sie mit den tatsächlichen Schreibungen <doof> und <brav>. Welche Schreibungen wären die jeweils systematischsten?
3. Begründen Sie die Schreibung von <Tip> und <Job> von ihrer Pluralform her und beschreiben Sie daran den Grad der Eindeutschung.
4. Nennen Sie einige Beispiele, in denen man morphologische Schreibungen zwischen Flexionsformen erkennt und einige, in denen man sie zwischen Wortbildungen erkennt.

5. Mit der Rechtschreibreform wurden Schreibungen wie <Gämse>, <behände>, <aufwändig> eingeführt. Begründen Sie diese Schreibungen. Sind die Schreibungen flexionsmorphologisch oder derivationsmorphologisch bedingt?

6. In Aufgabe 3, Kapitel 2 und Aufgabe 9, Kapitel 3 haben wir uns mit der umgekehrten Richtung beschäftigt, also von der Schreibung zur Lautung. Bei <Kran> und <an> zeigt die reine Schreibung die Vokalqualität nicht an. Wieso sind die Schreibungen dennoch regulär? Welches Prinzip hilft, um dennoch [kʀɑn] und [an] zu lesen?

Weiterführende Literatur
Dürscheid (2006:139ff.); Eisenberg (2006a:319ff.); Ruge (2004); Voeste (2008: 103ff.).

5. Fremdwortschreibung

Die Fremdwortschreibung im Deutschen ist ein schwieriges und ausuferndes Thema. Ich möchte die Gründe dafür kurz erläutern und dann darauf eingehen, wie das Deutsche mit Fremdwörtern grundsätzlich umgeht. Anschließend werde ich erste Ansätze von Systematisierungen in der Graphematik vorführen.

Fremdwörter sind keine homogene Klasse. Das Deutsche entlehnt Wörter aus den unterschiedlichsten Sprachen. So gibt es zwar zu bestimmten Zeiten bestimmte Sprachen, aus denen besonders gerne entlehnt wird, zum Beispiel kommen heutzutage die meisten Fremdwörter aus dem Englischen, im 19. Jahrhundert aus dem Französischen, davor aus dem Lateinischen (Munske 1997:75ff.). Das Deutsche ist prinzipiell für viele Einflüsse offen. So finden sich auch einzelne Wörter aus dem Arabischen wie *Alkohol* (mit Einfluss des Spanischen), dem Russischen wie *Datsche*, dem Japanischen wie *Kimono* usw.

Gerade wenn aus Systemen entlehnt wird, die dem Deutschen in vielerlei Hinsicht ähnlich sind, wird die wortgrammatische Integration mancher Eigenschaften hinausgezögert. So kann das Deutsche zum Beispiel die Pluralbildung übernehmen, wie in *Job – Jobs*; während die Auslautverhärtung wie im Deutschen üblich angewendet wird. Für die Schreibung übernimmt es in diesem Fall die Segmentfolge, als Substantiv wird es im Deutschen groß geschrieben, eine Eigenschaft, die es erst im Deutschen bekommt (vgl. Substantivgroßschreibung, Kapitel 7, S.38ff.).

Wenn aus Sprachen mit dem lateinischen Alphabet entlehnt wird, dann wird meist die Segmentfolge übernommen. Thesen über die Systematik dieser Segmentfolge im Deutschen sind von vorneherein problematisch. Dies soll allerdings nicht heißen, dass sie nicht aufgestellt werden sollen. So hat Eisenberg (2002) sehr überzeugende Systematisierungen für die Präfixe *ab-* vs. *ad-* aufgestellt. Ich werde eine solche Beobachtung für englisch *Job* vorstellen.

Hier sind die Grundfragen der Fremdwortforschung angesprochen: Führen fremde Wörter fremde sprachliche Phänomene (von den Phonemen bis zur Schreibung) in ein Sprachsystem ein oder zeigen fremde Wörter gerade besonders deutlich, was typisch für das Deutsche ist?

Die Grundproblematik muss bei Systematisierungen zu Fremdwörtern im Auge behalten werden. Mit diesem Hintergrund kann es durchaus sinnvoll sein, die Fremdwörter zunächst als Teil des deutschen Systems zu untersuchen.

Grundsätzlich möchte ich mit Meisenburg (1992) folgendes festhalten: Das deutsche Schriftsystem kann überhaupt nur deshalb Fremdwörter in ihrer ursprünglichen Segmentfolge aufnehmen, weil es ein Schriftsystem mit einer relativen Tiefe hat. Ein flaches Schriftsystem ist lautnah, das heißt im Prinzip wird phonographisch geschrieben, so zum Beispiel das Spanische. Bei einem tiefen Schriftsystem wird diese Lautnähe durch andere Prinzipien, zum Beispiel morphologische, überlagert. Das Deutsche ist dabei nicht so tief wie zum Beispiel das Französische.

Sehr häufig wird die Fremdheit eines Wortes auch an der Verschriftlichung erkannt. Einer solchen Beschreibung liegt folgende Annahme zugrunde: Ein fremdes Wort ist das, was sich ‚fremd‘ verhält, was also phonologisch, morphologisch oder graphematisch auffällig ist. Fremde Wörter sind damit nicht unbedingt die, die aus einer fremden Sprache entlehnt sind, sondern die mit dem fremden Aussehen. Nach dieser Bestimmung ist <handy> ein fremdes Wort, obwohl es nicht mit der Bedeutung ‚Mobiltelefon‘ entlehnt wurde. Dies ist eine synchron konsequente Fremdwortbestimmung.

Nun sind auch in der Graphematik verschiedene Kriterien denkbar, die ein fremdes Wort kennzeichnen. Zumindest die folgenden möchte ich hier nennen: (i) fremde Grapheme, (ii) fremde Graphemkombinationen, (iii) fremde Phonem-Graphem-Beziehungen. Die ersten beiden erkennt man schon im Schriftbild; dafür nenne ich im folgenden einige Beispiele.

Ein Wort kann graphematisch als fremd ausgezeichnet sein, wenn es Grapheme enthält, die im nativen Bereich gar nicht, nicht alleine oder nicht in dieser Kombination vorkommen.

5.1 Ungewöhnliche Grapheme: <c> und <y>

Für den Kernbereich des Deutschen sind wir davon ausgegangen, dass weder |c| noch |y| Grapheme des Deutschen sind; beide kennzeichnen den Fremdwortbereich (wenn es keine Eigennamen sind).

(1)   Cello, Café, Campus, Cent, Computer

Unter (1) sind einige Wörter aufgelistet, die mit <c> anfangen. Sie stehen für unterschiedliche Phoneme. Die Verschriftung von [k] zu <c> ist eindeutig fremd, die Eindeutschung zu <Kaffee> zeigt das besonders deutlich, vgl. Aufgabe 1. In *Cello* und *Cent* steht <c> jeweils in Korrespondenz zu einer Affrikate, in *Cello* eher für die palatale [tʃ], in *Cent* für die alveolare [ts]. Beide Affrikaten gibt es auch im nativen Wortschatz (*Tschüß, Matsch – Zoo*), die Verschriftung entspricht nicht dem nativen Gebrauch. *Cent* kann auch [sɛnt] ausgesprochen werden, <c> wäre hier ein Graphem für den im Deutschen unüblichen Anlaut [s].

Das Graphem **<y>** ist häufig ein Graphem für einen Vokal, für das deutsche Schriftsytem wäre es damit das zehnte Vokalgraphem.

(2)   a. Typ, Analyse, homonym
      b. Gymnastik, Syntax, Syntagma
      c. hysterisch, System
      d. Baby, Gully, Lady, Party, Story, Teddy, Whisky (Whiskey)
      e. Ylang-Ylang, Ysop
      f. Ypsilon
      g. Yacht, Yankee, Yard, Yin und Yang, Yoga, Yucca, Yuppie
      h. Display, Essay, Layout, Spray
      i. Jockey, Hockey
      j. (Sonny)boy

Es steht für einen Vokal, der vorne und oben artikuliert wird. Bezüglich der Rundung gibt es Schwankungen: in (2a) und (2b) wohl eher gerundet, in (2c) sind beide Aussprachen möglich, in (2d) und (2e) ungerundet, in (2f) variabel. Damit steht er in (2a) und (2b) in Konkurrenz mit <ü>, in (2d) und (2e) in Konkurrenz mit <i>. Die Rundung ist hier also nicht wie bei anderen oberen Vokalen eindeutig. Vordere gerundete Vokale sind typologisch markiert (vgl. zum Beispiel die Festlegung von Kardinalvokalen, dargestellt in Eisenberg (2006a:67f.)), viele Sprachen – so zum Beispiel das Englische – haben sie nicht.

In (2g) steht <y> direkt vor einem (anderen) Vokal, ohne dass die Verbindung insgesamt für einen Diphthong stünde. <y> steht hier für einen Gleitlaut. Das ist sehr ungewöhnlich für das Deutsche. Das Deutsche hat – zum Beispiel gegenüber dem Lateinischen

– hier ein besonderes Graphem herausgebildet, nämlich <j> in <jahr>, <ja>, <jubel> usw. Inwieweit der entsprechende Laut ein Vokal, ein Gleitlaut oder ein Frikativ ist, sei dahingestellt. Was ich hier betonen möchte, ist, dass das Graphem <y> in vielen Fällen als Silbenkern oder als Bestandteil von Diphthongen steht. Es steht aber auch als Wortanlaut und damit in konsonantischer Position. Das ist für Vokalgrapheme im nativen Bereich ungewöhnlich; genau hier wird es potentiell ersetzt (<joga>, <jacht> usw.).

In (2h) bis (2j) ist <y> zweiter Bestandteil von Diphthongen; diese Diphthonge sind auch phonologisch dem Deutschen fremd. Allerdings entsprechen die ersten Bestandteile graphematisch den ersten Bestandteilen von nativen Diphthongen, allein <y> führt hier zu dem fremden Aussehen.

5.2 Die Verschriftung von [ʒ]

[ʒ] wird in den Phonologien des Deutschen zwar als Phonem für den Fremdwortschatz beschrieben. Dass es überhaupt im deutschen Phonemsystem erscheint, hat wohl den Hintergrund, dass es ins System passt, als stimmhafte Variante zu [ʃ]. Hier ist gewissermaßen eine Stelle vorgesehen. Wie wird es verschriftet?

(3) a. Dschungel, Jeans, Job
     b. Garage, Rage

In (3a) steht es im Anlaut, im allgemeinen als Bestandteil einer Affrikate [dʒ], wenn es denn überhaupt gesprochen wird. Sehr häufig wird <dsch> auch als [tʃ] gesprochen. Die Wörter sind aus dem Englischen entlehnt – *Dschungel* (engl. *jungle*) ist weitgehend integriert. Letztlich lässt die Schrift hier bezüglich der Stimmhaftigkeit alles offen: <dsch> erscheint als konsequente Vermischung einer ‚stimmhaften' Schreibung (<d>) und einer stimmlosen (<sch>). Die Verschriftung von [ʒ] zu <sch> könnte auch damit gedeutet werden, dass das Deutsche kein Graphem für dieses Phonem zur Verfügung stellt und dann das ähnlichste wählt. Die Verschriftung mit <j> bei <job> und <jeans> ist aus dem Englischen übernommen.

In (3b) steht der stimmhafte palatale Frikativ intervokalisch. Die Schreibung ist aus dem Französischen übernommen. Es ist an sich kein außergewöhnliches Graphem, allerdings ist die Graphem-Phonem-Beziehung ungewöhnlich.

5.3 Ungewöhnliche Graphem-Verbindungen

Als typisch für Entlehnungen – insbesondere aus dem Griechischen – können die Graphemverbindungen <th> und <ph> gesehen werden. Folgende Beziehungen zu Phonemen sind anzusetzen: <th> – [t], <ph> – [f]. Bei zunehmender Integration werden die ‚fremden' Grapheme durch heimische ersetzt, und zwar wie es die nativen Phonem-Graphem-Beziehungen nahelegen: <tunfisch> und <foto>. Synchron sind sie durchaus unterschiedlich zu bewerten. So kann in <th> ein stummes <h> gesehen werden, es hat keinerlei phonologische Evidenz. Dieses stumme <h> ist aber nicht wie das Dehnungs-<h> in der Schreibsilbe begründet, sondern es steht speziell hinter <t> in einigen Fremdwörtern. In <ph> hingegen hat das <h> einen Frikativierungseffekt. Es ist schlichtweg eine Korrespondenz, die für fremde Wörter als solche gelernt werden muss.

Im Kernwortschatz des Deutschen nehmen wir – wie gesagt – die Schreibdiphthonge <ei>, <ai>, <au>, <eu> und morphologisch zusätzlich <äu> an. Phonologisch finden sich im Kernwortschatz schließende Diphthonge, das heißt der erste Bestandteil ist ein (relativ) offener Vokal, der zweite ein (relativ) geschlossener. Im Fremdwortschatz kommen noch eine ganze Reihe anderer Diphthonge vor, hier werden nur einige Schreibdiphthonge aufgelistet: <ou> in <workout>, <ua> in <guave>, <ui> in <linguistik>, <ue> in <konstituenten>. Häufig stellt sich hier die Frage, ob die Vokale wirklich in einer Silbe realisiert werden. Das ist aber eine phonologische Frage. Für die Graphematik können wir festhalten, dass gewisse Vokalfolgen fremde Wörter anzeigen, sie kommen nur dort vor: <ou>, <ua>, <ui>.

5.4 Ungewöhnliche Phonem-Graphem-Beziehungen

In (4) sind Beispiele aufgelistet, in denen <v> zu Beginn des Wortes steht. Als Verschriftung von [f] ist es im Deutschen ein Sonderfall (4b), als Verschriftung von [v] (4a) eine ‚fremde' Schreibung.

(4) a. Vagina, Valentin, Vampir, Vanille, Venedig, Ventil, Verben, Video, Villa, Vision, Vulkan – Vasall
     b. Vater, Veilchen, ver-, Vetter, viel, vier, Vogel, Volk, voll, von, vor
     c. Abkürzungen: VHS, v-förmig

36

Besonders interessant scheint hier die Abkürzung *VHS*, als Abkürzung für *Volkshochschule* erwartet man hier [fau], als Abkürzung
für *Video Home System* könnte man eine Artikulation [ve] erwarten, die aber nicht gemacht wird. Diese Aussprache zeigt, dass die
Graphem-Phonem-Beziehung <v> zu [v] fremd ist.

5.5 Substantivgroßschreibung bei Fremdwörtern

Wir haben gesehen, dass einige Anpassungen an das System des
Deutschen bei fremden Wörtern schneller geschehen und andere
verzögert sein können. Phonologisch ist das Deutsche zum Beispiel
in der Auslautverhärtung völlig konsequent, andererseits kommt
auch die Aufnahme neuer und fremder Phoneme vor wie eben [ʒ].
Graphematisch können sich auf der einen Seite fremde
Graphemverbindungen lange halten (<th> und <ph>). In der Substantivgroßschreibung war das Deutsche bisher allerdings relativ
konsequent. Neue Substantive werden groß geschrieben. So wurden
Wörter aus dem Französischen, Englischen oder Lateinischen,
sofern sie denn als Substantive integriert wurden, gleichermaßen
groß geschrieben, unabhängig von der Ausgangssprache: *Friseur,
Job, Alkohol* usw. Es ist eine neuere Entwicklung, dass manche
klein bleiben, besonders auffällig ist *e-mail*, häufig *E-Mail* oder *e-
Mail*. Das mag daran liegen, dass es eine ungewöhnliche Struktur
hat mit dem einzelnen Buchstaben vorneweg und der Bindestrich-
schreibung. Es ist aber nicht zu verkennen, dass die Kleinschreibung an dieser Stelle gegen das System des Deutschen verstößt.

Dies ist anders zu bewerten als Entlehnungen ganzer Präpositionalgruppen, die mit fremder Präposition entlehnt werden, im allgemeinen adverbial gebraucht werden und offenbar im Deutschen
nicht analysiert werden wie *de facto, a cappella, coram publico*.
Auch die Präposition bleibt fremd und wird nicht übersetzt.
(Gallmann/Sitta 1996:169, §55). Im übrigen haben wir auch viele
native Zweifelsfälle gerade in dieser Form wie *im allgemei-
nen/?Allgemeinen, am größten* usw. vgl. S.47f.

5.6 Zusammenfassung

Die Schreibung der Fremdwörter ist durch die verschiedenen Her-
kunftssprachen sehr vielfältig, aber nicht unsystematisch. Wie in
der gesamten Fremdwortintegration sind auch in der Fremdwortschreibung unterschiedliche Integrationsgeschwindigkeiten zu fin-

den. Während die Substantivgroßschreibung im allgemeinen sofort passiert, ist das Deutsche in der Anpassung der Graphem-Phonem-Beziehungen relativ langsam.

Aufgaben

1. <Kaffee> und <café> bzw. <Café> sind Schreibungen im heutigen Deutschen. Die Wörter bedeuten Unterschiedliches und werden häufig auch unterschiedlich betont. Dennoch kann <Kaffee> als Integrationsform einer Schreibung von <café> gelten. Versuchen Sie diese Eindeutschung systematisch herzuleiten.

2. Suchen Sie in einem beliebigen deutschen Text nach dem Graphem <y> (über das Suchprogramm am Computer).
a. Stellen Sie Hypothesen darüber auf, wann es für einen gerundeten Vokal steht und wann für einen ungerundeten.
b. Wann steht es als Gleitlaut bzw. nicht als Silbenkern?
c. Suchen Sie in dem gleichen Text nach <j>. An welchen Positionen kommt <j> vor? (Auch im nativen Bereich!)

3. Suchen Sie ebenfalls wie in der vorherigen Aufgabe in einer Volltextsuche nach ‚Vokalkombinationen' und halten jeweils fest, ob es sich um Schreibdiphthonge handelt oder um das Aufeinandertreffen von zwei Silbenkernen. Stellen Sie Hypothesen darüber auf, welche Kombinationen häufiger das eine und welche häufiger das andere sind.

Weiterführende Literatur
Eisenberg (2006a:350ff.); Maas (1992:350-361); Munske (1997:75-166).

6.   Groß- und Kleinschreibung

Im Deutschen gilt die Regel ‚Substantive werden groß geschrieben'. Es geht darum, herauszufinden, welche Substantivbestimmung der Regel zugrundeliegt. Bevor wir aber zu diesem großen und schwierigen Bereich kommen, sollen jedoch die anderen Regeln, die ebenfalls zur Großschreibung führen, erläutert werden.

Satzanfänge werden groß geschrieben. Diese Fälle bereiten in der Großschreibung im allgemeinen kein Problem, weil Sätze mit Hilfe der Interpunktion als solche markiert werden. Das einzige Satzzeichen, das sowohl Klein- als auch Großschreibung zulässt, ist der Doppelpunkt. Wenn dem Doppelpunkt selbst kein vollständiger Satz folgt, so wird klein geschrieben. Wenn nach dem Doppelpunkt ein vollständiger Satz steht, konnte bisher nach Sinnzusammenhang frei entschieden werden, ob groß oder klein geschrieben wird, siehe dazu auch S.81.

Auch **Anredepronomen** werden groß geschrieben. Dies betraf vor der Rechtschreibreform ‚Du' und ‚Sie' (mit den entsprechenden Flexionsformen wie *Dich, Eure* usw. bzw. *Ihre*), nach der Rechtschreibreform muss nur noch ‚Sie' mit den entsprechenden Flexionsformen groß geschrieben werden. Wir haben genau genommen drei unterschiedliche Pronomen *sie*: 3. Person Singular, 3. Person Plural, Anredepronomen.

Das Anredepronomen, das groß geschrieben wird, steht in enger Verbindung zur 3. Person Plural. Auch das Anredepronomen verlangt als Subjekt pluralische Verbformen: *die Kinder tanzen – sie tanzen – Tanzen sie* (die Kinder)*? – Tanzen Sie* (die angesprochene Person). Die Erkennung einer Pluralform ist bei *sie* nur möglich, wenn es als Subjekt fungiert. Als Objekt besteht diese Möglichkeit nicht mehr:

(1)   a. Ich habe sie (Susanne) gestern gesehen.
     b. Ich habe sie (die Kinder) gestern gesehen.
     c. Ich habe Sie gestern gesehen.

Die Feststellung, ob es sich jeweils um eine Anrede handelt oder nicht, ist durch die Situation gegeben. Wird jemand angesprochen oder nicht? Und dieser Unterschied – der in der gesprochenen Sprache im allgemeinen eindeutig sein dürfte – wird durch die Großschreibung auch in der Schreibung verdeutlicht. Mit *du* hingegen ist immer eine gewisse Ansprache gemeint. Insofern führt hier die Aufhebung der Großschreibung von *du* wohl zu keiner Verundeutlichung. Weiterhin schreibt man *Ihre, Eure, Seine* groß, wenn es um eine Majestät geht: *Eure Majestät, Seine Majestät* usw.

Eigennamen schreibt man groß. Auch das ist zunächst kein Problem: So schreibt man <Hans>, <Maier> und <Berlin> gleichermaßen groß. Ein Problem ist die Abgrenzung dann, wenn auch nicht-substantivische Einheiten zum Eigennamen gehören, also <Die Zeit>, <Zweiter Weltkrieg>, <Stiller Ozean>. Unabhängig von konkreten Texten mag einem das schwierig vorkommen. In konkreten Kontexten ist dies wohl eher nicht der Fall. Denn einerseits kann ich am Atlantischen Ozean stehen, mich darüber wundern, dass heute ausnahmsweise mal keine Wellen sind, und feststellen, dass der Atlantische Ozean heute still ist. Er ist damit ein stiller Ozean. Wenn ich allerdings von dem *Stillen Ozean* spreche, meine ich den Pazifischen. Einmal wird mit *stiller Ozean* ein Ozean mit einer bestimmten (momentanen) Eigenschaft beschrieben, das andere Mal ist *Stiller Ozean* der Name. Der Unterschied zwischen beiden Sprechsituationen ist essentiell für das Verständnis. In der Schreibung wird dieser Unterschied deutlich gemacht. Die Entscheidung, ob es sich um einen komplexen Eigennamen handelt oder nicht, liegt keineswegs in der Schreibung, sondern vielmehr in dem Wissen über die Welt und den jeweiligen Kontext. Damit wird aber auch deutlich, dass eine Regelung der Schreibung hier gar nicht expliziter werden kann.

Im Deutschen gilt die Regel ‚**Substantive** werden groß geschrieben‘; es wird auf eine Wortart Bezug genommen. Wortarten an sich sind in der Grammatikforschung überaus umstritten. Es geht hier aber nicht darum, genau festzulegen, was ein Substantiv ist und was keines. Hier geht es darum zu verstehen, was der Großschreibung zugrunde liegt, in gewisser Weise bestimmen wir ein ‚graphematisches‘ Substantiv. Dazu gehen wir von einer **Prototypentheorie** aus. Mit ihr behaupten wir, dass ein prototypisches Substantiv bestimmte Merkmale hat. Diese Merkmale haben einerseits etwas mit der lexikalischen Seite zu tun und andererseits mit der syntaktischen, hier insbesondere mit der Verwendung in einer konkreten (syntaktischen) Umgebung.

Die Prototypentheorie kommt ursprünglich aus der Psychologie. Ein klassisches Beispiel ist die Einordnung von Vögeln. So ist der Spatz ein typischerer Vogel als der Pinguin, weil der Pinguin nicht richtig fliegen kann. Viele andere Merkmale (die Art der Fortpflanzung, den Schnabel, den Flügelansatz usw.) haben sie gemeinsam (vgl. Meibauer et al. 2007:189ff.). Dies wird auf Wortarten und speziell auf Substantive übertragen. Prototypische Substantive haben eine Reihe von noch zu benennenden Eigenschaften. Weniger prototypische Substantive haben einige dieser Eigenschaften nicht. Und bestimmte Wörter sind dann soweit vom Prototypen entfernt, dass sie offenbar nicht mehr als Substantive wahrgenommen werden.

Grundsätzlich kann man zwei Arten unterscheiden, wie sich substantivische Eigenschaften zeigen: auf der einen Seite ‚lexikalisch-morphologisch‘, auf der anderen Seite ‚syntaktisch‘. ‚Lexikalisch-morphologisch‘ meint u.a., dass man festlegen kann, was Substantive sind. Diese Festlegung kann in einem ‚Lexikon‘ geschehen, man spricht hier auch von einem ‚mentalen‘ Lexikon, es könnte auch eines auf Papier sein. Eine mögliche Substantivbestimmung kann beispielsweise nach wortsemantischen Kriterien passieren wie ‚Substantive referieren‘; man könnte die Substantive des Deutschen auch einfach auflisten. ‚Syntaktisch‘ meint dagegen, dass man im konkreten Satz prüft, ob das jeweilige Wort wie ein Substantiv gebraucht wird.

Dass es diese beiden Herangehensweisen gibt, ist nicht allein auf die Substantivbeschreibung beschränkt, sondern es ist ein weitreichendes Problem, was sowohl eine Menge grammatiktheoretischer Probleme und auch Festlegungen betrifft als auch wissenschaftstheoretische und philosophische Probleme. Definiert man die Dinge aufgrund inhärenter Eigenschaften oder definiert man sie anhand ihres Gebrauchs? Das Problem möchte ich hier nicht weiter vertiefen. Denn es geht bei der Groß- und Kleinschreibung nicht unbedingt darum, die letztendlichen Kriterien für Substantive zu bestimmen, sondern es geht darum, ob man die Regularitäten, die der Substantivbestimmung in der Schreibung zugrunde liegen, erfassen kann, ähnlich auch in der Getrennt- und Zusammenschreibung, vgl. S.66ff.

Betrachten wir einen schwierigen Fall: Was ist *abend* in *heute A/abend*? Grundsätzlich ist es schwierig, etwas über graphematische Intuition zu sagen, weil wir alle durch die Forderung, richtig zu schreiben, geprägt sind und die meisten von uns Rechtschreibunterricht hatten. An dieser Stelle kann man immerhin soviel sagen: Vor der Rechtschreibreform wurde *abend* in *heute abend* in den meisten Fällen klein geschrieben. Diese Schreibung ist historisch gewachsen. Zumindest besteht diese Schreibung neben der vermeintlich logischeren Großschreibung, die besagt, dass *Abend* an und für sich ein Substantiv ist. Wie könnte es zu der Kleinschreibung gekommen sein? Nach einem wortsemantischen Kriterium würde man *Abend* sicherlich für ein Substantiv halten und im Lexikon ist es auch als solches verzeichnet, was für die Großschreibung spricht. Syntaktisch verhält sich *Abend* hier aber nicht wie ein Substantiv: Es ist weder attributfähig (*heute schöner Abend*), was Substantive im allgemeinen sind, noch ist es artikelfähig (*der heute Abend – *heute der Abend*) noch ist es pluralfähig *heute und morgen Abende. Es wird hier nicht wie ein Substantiv gebraucht. Damit wissen wir noch nicht, was es sonst ist. Aber die Schreibung unterscheidet zwischen Substantiven und Nicht-Substantiven durch Groß- und Kleinschreibung. Die intuitive Kleinschreibung von *abend* in *heute abend* zeigt, dass es graphematisch kein Substantiv ist; es verhält sich in vielerlei Hinsicht nicht so wie ein (prototypisches) Subtantiv.

Im folgenden werden die beiden Sichtweisen erläutert: die lexikalisch-morphologische Substantivbestimmung und die syntaktische Substantivbestimmung.

6.1 Lexikalisch-morphologische Substantivbestimmung

Im Lexikon stehen Substantive wie *Tisch* und *Fisch, Durst, Freund, Luft* usw. Sie referieren, das heißt sie bezeichnen etwas (Konkretes oder Abstraktes). Außerdem flektieren diese Wörter wie Substantive. Sie können nach Kasus und Numerus flektiert werden, aber nicht nach Genus. Dass sie nach Kasus flektierbar sind, unterscheidet die Substantive von den Verben, dass sie nicht nach Genus flektierbar sind, unterscheidet Substantive insbesondere von Adjektiven, Artikeln und Pronomen.

Bei manchen Substantiven ist die Pluralbildung eingeschränkt bzw. besonders zu kommentieren. So bilden Stoffsubstantive wie *Mehl, Wasser, Tee*, wenn überhaupt, den Plural nur mit einer Bedeutungsänderung. Es entsteht ein sogenannter Sortenplural wie in *drei Mehle, sieben Wässer, drei Tees* ‚drei Sorten Tee‘. Daneben gibt es einige Wörter, die nur im Plural vorkommen wie *Ferien* und *Eltern*. Sie sind in gewisser Weise nicht nach Numerus flektierbar, weil der Singular fehlt. Dennoch sind sie in ihrer Kongruenz deutlich numerusdeterminiert, denn es heißt eindeutig *die Ferien waren schön* und nicht **die Ferien war schön*. Die Formen sind nicht unspezifiziert für Numerus, sondern sie sind Plural. Daher können sie auch als Substantive eingeordnet werden. Diese Fälle sind in der Rechtschreibung unproblematisch.

Flexionsmorphologisch kann man die Substantive daran erkennen, wie sie flektieren. Daneben gibt es derivationsmorphologische Hinweise. Damit kommen wir zu den morphologisch komplexen Substantiven. Morphologisch komplex sind zunächst solche mit Affixen (*Dumm-heit, Ge-bäck, Lehr-er*); es gibt Affixe, die Substantive bilden, damit werden sie (eindeutig) zu Substantiven. Auch diese Fälle sind in der Schreibung unproblematisch.

Die zweite große Gruppe der komplexen Substantive sind die Komposita. Hier richtet sich die Wortart nach dem Letztglied, wenn dieses ein Substantiv ist, so handelt es sich im Prinzip bei dem gesamten Kompositum um ein Substantiv (*Haustür, Rotwein, Backform, Zwischenglied*). Alle diese Wörter werden ohne weiteres als Substantiv erkannt und die Schreibung ist eindeutig. Ein paar Ausnahmen sind hier zu finden wie zum Beispiel *barfuß*. Ansonsten hat das Deutsche einige komplexe Präpositionen wie *aufgrund, anstelle, anhand*. Diese sind zunächst problematisch in ihrem Wortcharakter und werden daher bei der Getrennt- und Zusammenschreibung behandelt, vgl. S.78f. Syntaktisch verhalten sie sich wie Präpositionen. Morphologisch kann man festhalten, dass sie in einem bestimmten Sinn keine Komposita sind, weil sie nicht durch (reguläre) Komposition entstanden sind, sondern durch Univerbierung. Bei Getrenntschreibung wird das Substantiv groß geschrieben (*auf Grund*).

Wir haben gesehen, dass Substantive von anderen Wortarten abgeleitet werden können. Umgekehrt können Substantive auch als Basis dienen. So ist klar, dass *freundlich* ein Adjektiv ist, *vergold(en)* ein Verb und *anfangs, nachts* Adverbien. Wenn Substantive Erstglieder von Komposita sind, so richtet sich hier – wie auch sonst – die Schreibung nach dem Zweitglied. So werden *himmelblau* und *maßhalten* insgesamt klein geschrieben, weil *himmelblau* ein Adjektiv ist und *maßhalten* ein Verb. Je nach Interpretation gibt es gute Gründe, sowohl *Bier trinkend* (als Syntagma) als auch *biertrinkend* (als Wort) zu schreiben, vgl. S.75f. Nicht möglich ist jedoch eine Schreibung *Biertrinkend* (außer natürlich am Satzanfang), denn insgesamt ist es kein Substantiv, sondern ein Partizip I.

Besondere Probleme für die Kategorisierung sind in der **Konversion** begründet, der sogenannten affixlosen Ableitung, wie zum Beispiel der Infinitiv *singen – Singen*. Durch die Affixlosigkeit ist eine Zugehörigkeit gerade nicht an der Form des Stammes zu erkennen. Besonders schwierig für Kategorisierungen ist zudem, dass die Konversion häufig nicht vollständig geschieht in dem Sinne, dass sehr häufig nicht Wörter gebildet werden mit allen entsprechenden Eigenschaften (so können substantivische Infinitive im allgemeinen keine Pluralform bilden wie *das Singen – *die Singen*). Das ist nicht allein ein Problem der Schreibung, sondern zieht sich durch viele Gebiete der Grammatik. Hier wird es anhand der Schreibung zugespitzt. Probleme für die Schreibung ergeben sich immer dann, wenn eine mögliche Kategorie im Einzelfall das Substantiv ist, weil nur dann über Groß- bzw. Kleinschreibung entschieden werden muss. Ob zum Beispiel Partizipien Adjektive oder Verbformen sind, spielt bei der Großschreibung keine Rolle.

Zunächst sind zwei grundsätzliche Arten der Konversion zu unterscheiden: Flektieren die Produkte der Konversion wie die Zielwortart oder nicht? Problematisch sind die Fälle, in denen die ‚ursprüngliche‘ Flexion beibehalten wird (zum Beispiel beim Adjektiv-Substantiv-Übergang wie *der Angestellte – ein Angestellter*, vgl. S.46f.). Betrachten wir zunächst die Fälle, in denen die Flexion ein entscheidendes Kriterium für die Bestimmung der Wortart sein kann.

Verben und Substantive haben mitunter den gleichen Stamm: *streich(en) – Streich, arbeit(en) – Arbeit, fax(en) – Fax*. Hier ist die

Unterscheidung leicht, denn Verben treten im allgemeinen nicht als Verbstamm auf: Sie flektieren (*streicht, arbeitest, faxt*) oder sie treten als infinite Verbform mit den entsprechenden Affixen auf wie *streichen* usw.

Ein wenig problematisch erscheint allein die Schreibung des Infinitivs in einigen wenigen Beispielen. Er kann substantivisch oder verbal gebraucht werden. Wenn der Infinitiv substantivisch gebraucht wird, braucht er in den meisten Fällen einen Artikel. Er flektiert allerdings nicht nach Numerus (er bildet keine Plural-formen, *die Singen*), sondern ausschließlich nach Kasus. So wird der Genitiv durchaus markiert wie in *die Kunst des Singens*. Verben flektieren nicht nach Kasus. Selbst die fehlende Pluralflexion ‚hilft‘ in gewisser Weise der Erkennung als Substantiv. So brauchen Substantive im Plural gerade keinen Artikel. Der substantivische Infinitiv tritt damit noch häufiger mit Artikel auf als andere Substantive. Der substantivische Infinitiv ist damit meistens als solcher zu erkennen. Auf der anderen Seite ist auch der verbale Infinitiv sehr häufig als solcher gekennzeichnet, nämlich durch *zu* (*er vergisst zu schreiben, er arbeitet, um zu leben*). Wir müssen die Fälle betrachten, in denen der Infinitiv alleine auftritt. Das sind zum einen die Infinitive bei Modalverben: *Tina will schreiben, Franziska kann malen*; hier ‚wissen‘ wir, dass der Infinitiv verbal ist, denn wir wissen zum Beispiel, dass hier Ergänzungen möglich sind wie *Tina will ihre Doktorarbeit schreiben, Franziska kann Syntaxbäume malen*. Dieser verbale Infinitiv ist in der Schreibung unproblema-tisch. Der Infinitiv ohne Begleiter tritt auch nach einigen Verben auf, die keine Modalverben sind wie *lernen, lieben* usw.: *Ich lerne tanzen* oder *ich lerne Tanzen*. Hier finden sich Unsicherheiten beim Schreiben. Bei genauerem Hinsehen zeigt sich allerdings, dass für beide Interpretationen und damit für beide Schreibungen argumen-tiert werden kann: *Ich lerne zu tanzen, ich lerne auf der Bühne zu tanzen* (verbal) – *ich lerne das Tanzen (auf der Bühne), ich lerne das ausdrucksstarke Tanzen* (substantivisch). Insofern ist es ange-messen, bei *ich lerne tanzen/Tanzen* beide Schreibweisen zuzulas-sen. (Die Regelung äußert sich nicht speziell zu diesen Fällen.) Hier verweisen wir schon auf zusätzliche Elemente, nämlich den Artikel oder das *zu*. Das heißt, es ist häufig gar nicht möglich, den Infinitiv an und für sich kategorial einzuordnen. Seine Begleiter (Artikel oder *zu*) zeigen seine (aktuelle) Kategorie; zur Konversion von Adjektiven, vgl. S.44.

Vorher möchte ich die Konversion mit substantivischer Basis betrachten. Wenn Substantive im Deutschen zu Verben konvertieren, so ist dies an der Flexion sichtbar (eben *layouten, s(i)msen, skaten* usw., *er layoutet*). Die Konversion zu Adjektiven könnte auch an der Flexion erkannt werden, in der attributiven Funktion. Allerdings gibt es in bestimmten Fällen die Möglichkeit, adjektivische Attribute unflektiert zu lassen. Konkrete Probleme ergeben sich in Fällen wie *mist Auto* (oder *Mistauto*), analog zu *super Typ* (*Supertyp*), wo *super* nicht von einem Substantiv abgeleitet ist. Die Tatsache, dass sie vorangestelltes Attribut und vermeintliche Adjektive sind, scheint hier als Kriterium auszureichen, um zur Kleinschreibung zu führen. Ob sie dann wirklich Adjektive sind oder als unflektierbare Adjektive Adverbien, spielt für die hier verlangte Kategorisierung keine Rolle, beide Kategorien führen zur Kleinschreibung. Wichtig ist lediglich, dass es keine Substantive sind.

Die Nicht-Flexion von Adjektiven als Attribut zum Substantiv kommt besonders häufig kommt vor bei den Stadtadjektiven, wie in *Potsdamer Bürgermeister*, (vgl. Fuhrhop 2003). Hier handelt es sich um von Substantiven abgeleitete Adjektive, die Großschreibung wird explizit in den Regelapparaten behandelt (Gallmann/Sitta 1996, §61).

Bestimmte Konversionen sind gar nicht morphologisch zu beschreiben, wie wir hier zum Teil gesehen haben. Stattdessen werden sie syntaktisch beschrieben, zum Beispiel aufgrund von syntaktischen Funktionen.

6.2 Syntaktische Substantivbestimmung

Was sind die typischen Verwendungsweisen für Substantive? Sehr häufig sind sie Kerne von Nominalgruppen (*das helle Bier, ein weißer Schwan*). Folgende syntaktische Funktionen nehmen sie ein:

(2)   a. Subjekte: *der weiße Schwan* schwimmt
     b. Objekte: *er malt **den weißen Schwan***
     c. Bestandteile von Präpositionalgruppen: *er schwimmt auf dem See*
     d. Genitivattribute: *der weiße Schwan **meines Onkels***
     e. Adverbiale: *sie redet **den ganzen Tag***

Eine wichtige syntaktische Eigenschaft ist, dass Substantive an sich **artikelfähig** sind: *der Tisch, die Liebe, eine Erklärung*. Stoffsubstantive brauchen zwar keinen Artikel, aber sie können einen nehmen, wie in *der Tee, das Mehl* usw. Einige Klassen von Eigennamen bilden hier Ausnahmen. So sind Personennamen nicht in allen Regionen Deutschlands artikelfähig: *Der Peter* ist vielen Regionen

Deutschlands zumindest stilistisch markiert, *der Rhein* hingegen ‚braucht' geradezu den bestimmten Artikel. Auch bei Ländernamen sind hier diverse Unterschiede zu finden: *die Schweiz – Frankreich* (**das Frankreich*). Eine solche Diskussion geht davon aus, dass Eigennamen Teilklassen von Substantiven sind. Zum Teil stimmt das auch. Wir brauchen das hier aber nicht weiter zu vertiefen, weil Eigennamen laut einer besonderen Regel sowieso groß geschrieben werden, vgl. S.39f., also auch die Eigennamen, die auch als Substantive klassifiziert werden könnten.

Substantive an sich sind **attributfähig**, das heißt sie können modifiziert werden: In *die große Liebe* durch ein Adjektiv, in *die Liebe seines Lebens* durch ein Genitivattribut (das selbst ein Substantiv enthält) usw.

Substantive flektieren nach **Kasus** und **Numerus**. Zum Teil habe ich das schon erwähnt, insbesondere die Numerusfähigkeit (vgl. S. 42ff.). Die Flexion nach Kasus hängt auch damit zusammen, dass Substantive in Nominalgruppen mit verschiedenen syntaktischen Funktionen auftreten können.

Substantive haben ein **Genus**. Dieses Genus zeigt sich typischerweise im Artikel (so heißt es *der Tisch* und nicht **das Tisch*), im Adjektiv und in anaphorischen Pronomen: *Petra hat einen neuen Tisch. Er war gar nicht so teuer.*

Das sind alles syntaktische Eigenschaften von prototypischen Substantiven. Zweifelsfälle in der Schreibung ergeben sich typischerweise, wenn eine oder mehrere Eigenschaften nicht zutreffen.

Adjektive können substantivisch gebraucht werden. In *die Wand ist grün* wird *grün* syntaktisch wie ein Adjektiv verwendet, in *das Grün der Wand* wie ein Substantiv. Man kann hier *Grün* flektieren, so kann sowohl ein Genitiv (*die Schönheit des Grüns*) als auch ein Plural (*wir haben verschiedene Grüns zur Auswahl*) gebildet werden. Vom Wort her haben wir ein Adjektiv, syntaktisch wird es substantivisch verwendet, entsprechend wird es groß geschrieben.

Konvertierte (‚flektierte') Adjektive: Ein besonderes Problem stellen die konvertierten Adjektive dar, die groß geschrieben werden, wie *der Angestellte, der Singende, das Wahre, das Gute, das Schöne.*

Grundsätzlich liegt hier folgendes Problem vor: Die adjektivische Flexion bleibt bei der (vermeintlichen) Substantivierung erhalten, besonders deutlich ist dies in dem Fall *der Angestellte_vs. ein Angestellter*. Die Flexion spricht eher für die Interpretation als Adjektiv. Eine mögliche Argumentation wäre, dass hier eine Nominalgruppe vorliegt und dass es keinen anderen Kern gibt. Das ist die angemessene Interpretation, aber nicht ohne weiteres. Denn wir haben auch elliptische Konstruktionen wie in *ich habe ein neues Fahrrad, das alte habe ich verschenkt.* Wir haben eine Gruppe *das alte*, und *alte* wird klein geschrieben. Hier liegt eine Ellipse vor, das heißt, dass das Substantiv zwar nicht genannt, aber gedacht wird.

Was könnte hier der Unterschied zwischen dem elliptischen Gebrauch *ich habe ein neues Fahrrad, das alte habe ich verschenkt* (Ellipse) und *das Alte ist wieder im Kommen* sein? Nun, es scheint im Deutschen bestimmte Regeln zu geben, die durchaus als Wortbildungsregeln oder Konversionsregeln zu begreifen sind. Und diese Regeln operieren auf der Wortsemantik. Im ersten Satz bezieht sich *das alte* auf das (vorher genannte) Fahrrad, im zweiten Satz bezieht es sich abstrakt auf etwas, was früher war. Der Unterschied ist der Abstraktionsgrad, wenn es sich um die Konversion ins Neutrum handelt (*das Alte, das Wahre, das Gute*). Bei der Konversion ins Maskulinum und ins Femininum handelt es sich hingegen um Personenbezeichnungen: *der Angestellte, der Singende, der Schöne, die Erfolgreiche.* Also könnte man als Regel festhalten: Wenn die flektierten Adjektive Personen oder Abstraktes bezeichnen, dann ist Großschreibung grundsätzlich möglich.

Verbindungen mit Verschmelzungen: Sehr viele Zweifelsfälle sind des Typs ,Verschmelzung + die infrage stehende Einheit' wie zum Beispiel *im allgemeinen/Allgemeinen, im folgenden/Folgenden, im wesentlichen/im Wesentlichen, zum besten/Besten.*

,Verschmelzung' ist der Fachbegriff für Fälle wie *am, beim, im, ins, zur* usw. Sehr häufig können sie als ,Verbindungen' von einer Präposition mit einem Artikel verstanden werden. So kann *am* auf *an dem, im* auf *in dem* und *ins* auf *in das* bezogen werden. Keinesfalls können aber Verschmelzungen den Verbindungen aus Präposition und Artikel gleichgesetzt werden. Ich werde das soweit zeigen, wie es für die Groß- und Kleinschreibung nötig ist.

Verschmelzungen bestehen ursprünglich aus einer Präposition und einem Artikel. Das könnte heißen, dass Verschmelzungen grundsätzlich einen Artikel ,enthalten' und wenn ein Artikel beteiligt ist, so muss es sich bei der nachfolgenden Einheit nach den genannten Kriterien um ein Substantiv handeln. Das ist sicherlich richtig in Fällen wie *ins Kino, zur Schule, am Haus.* Hier sind durchaus auch Konstruktionen grammatisch wie *in das Kino, zu der Schule, an dem Haus.* Beide Konstruktionen sind grammatisch, das heißt nicht, dass sie gleichbedeutend sind.

(3) a. am Montag ≠ an dem Montag
     b. am Abend ≠ an dem Abend
     c. Leo geht zur Schule ≠ Leo geht zu der Schule/zu einer Schule

Bei den genanten Fällen *im allgemeinen/Allgemeinen* usw. ist eine Auflösung wie **in dem Allgemeinen* ungrammatisch.

(4)   a.   zum Besten – ?zu dem Besten – zu seinem Besten
      b.   im folgenden – *in dem folgenden

Wenn die Verschmelzungen nicht ‚auflösbar‘ sind, ist das ein deutlicher Hinweis auf einen Wandel, der hier stattgefunden hat. Hinzu kommt, dass die Fälle, in denen Verschmelzungen überhaupt nicht aufzulösen sind, typischerweise solche sind, in denen es sich bei dem nachfolgenden auch primär (also lexikalisch) nicht um Substantive handelt, wie *im allgemeinen, im argen, im folgenden, im wesentlichen.* Es sind lexikalisch Adjektive. Dass hier keine Ellipse (wie in *ein altes Fahrrad,* S.47) vorliegt, ist ebenfalls an der Unauflösbarkeit der Verschmelzung zu erkennen (*im folgenden – *in dem folgenden,* aber *in dem folgenden Text*). Nur Großschreibung zuzulassen (wie es die Regelformulierung von 1996 fordert), erscheint der Sache nicht angemessen. Die Kleinschreibung von *im allgemeinen, im wesentlichen* ist hier historisch entstanden, sie ist intuitiv beherrschbar und sie ist auch grammatisch gut erfassbar. Zumindest sind beide Schreibungen zuzulassen. Grammatisch ähnlich sind die Superlativformen wie *am meisten, am größten, am dümmsten.* Auch hier handelt es sich um eine unauflösbare Verschmelzung in einer Verbindung mit einem lexikalischen Adjektiv. Hier scheint Großschreibung nie ernsthaft gefordert gewesen zu sein.

Substantiv-Verb-Verbindungen: Einen weiteren großen Problembereich bei der Substantivgroßschreibung stellen Substantiv-Verb-Verbindungen wie *radfahren/rad fahren/Rad fahren* und *brustschwimmen* dar. Diese Fälle sind aus zwei Gründen besonders heikel: Erstens ist die Getrennt- und Zusammenschreibung hier jeweils fraglich. Zweitens ist bei Getrenntschreibung unklar, ob das ‚substantivische‘ Element groß oder klein geschrieben wird. Die Fälle werden weiter unter der Getrennt- und Zusammenschreibung behandelt (vgl. S.66ff.). Hier werden sie nur im Rahmen der Groß- und Kleinschreibung erläutert.

Unabhängig davon, ob die Verbindungen im Infinitiv (*wir wollen eislaufen/Eis laufen*) bzw. in Kontaktstellung getrennt (*weil er brustschwimmt/Brust schwimmt*) oder zusammengeschrieben werden, steht die substantivische Einheit bei Verbzweitstellung alleine: *Die Kinder laufen eis/Eis.* Die substantivischen Einheiten sind nicht artikelfähig, sie sind nicht attribuierbar und auch nicht nach Kasus oder Numerus flektierbar (*wir fahren rad – *wir fahren räder*). In

Abschnitt 8.2, S.66ff. wird gezeigt, dass die Verbindungen insgesamt Komposita sind. Daraus folgt, dass die substantivische Einheit ein Kompositionserstglied ist. Und hiermit sind wir bei einem Knackpunkt in der Regelung. Bei allen bisher genannten Zweifelsfällen ging es um syntaktisch selbständige Einheiten, es ging nicht um Wortbestandteile. Daher sind diese Fälle für die Groß- und Kleinschreibung absolute Ausnahmefälle und genau genommen gibt die Regel der Substantivgroßschreibung hier keine Antwort. Man kann nur feststellen, dass offenbar (vor der Rechtschreibreform) hier sowohl Groß- als auch Kleinschreibung vorkam und beides hat in sich eine gewisse Logik.

Ergänzungen von sein: Ein besonderer Fall unter den Substantiv-Verb-Verbindungen sind die Verbindungen mit *sein*. Die Besonderheit liegt darin begründet, dass *sein* sich auch sonst nicht wie andere Verben verhält.

(5)   a. er hat Schuld – ?er hat die Schuld – ?er hat eine Schuld
       b. ihn trifft Schuld – ihn trifft die Schuld – ihn trifft eine Schuld
       c. er ist schuld – *er ist die Schuld – *er ist eine Schuld

Die drei Fälle sind ganz unterschiedlich zu bewerten, obwohl in allen Fällen ein Lexem ‚schuld‘ zu finden ist, das primär, also lexikalisch, ein Substantiv ist. Aber in allen Fällen wird es anders behandelt: In (5b) ist es eindeutig ein Substantiv, es ist artikelfähig und es ist auch attributfähig (*ihn trifft die meiste Schuld*). Es ist hier Subjekt zum Verb. In (5a) hat es zu einem gewissen Grad Objektcharakter, die Artikel alleine erscheinen möglicherweise gestelzt, aber nicht ungrammatisch. Es ist auch attributfähig: *Er hat die meiste Schuld*. Zudem geht der ‚Negativartikel‘: *Er hat keine Schuld*. In (5a) und (5b) ist *Schuld* damit von der Verwendung her ein Substantiv. (5c) hingegen ist ein Zweifelsfall, es ist nicht artikelfähig wie *er ist ein Lehrer* und es ist auch nicht attributfähig: *Er ist die meiste Schuld*. Das syntaktische Verhalten entspricht nicht der lexikalischen Kategorisierung. Dass es hier eine Unsicherheit in der Schreibung gibt, ist angemessen. Sie ist erklärbar und zeugt eigentlich von einem guten Sprachbewusstsein des Zweiflers.

Wenn es nicht groß geschrieben wird, heißt dies, dass es in gewisser Hinsicht kein Substantiv ist. Damit ist noch nicht klar, welcher Wortart man es sonst zuordnen kann. Ein eindeutiges Adjektiv ist es auch nicht: *der schulde Mann*.

In die gleiche grammatische Gruppe wie *sein* gehören auch die Verben *bleiben* und *werden*. Daher finden sich vergleichbare Fälle auch mit diesen Verben wie zum Beispiel *ernst bleiben/sein/wer-*

den, jmdm. gram sein, etwas leid sein, pleite sein, recht sein, schuld sein, unrecht sein, wert sein und *angst und bange werden*.

Diese Verbindungen sind speziell. Wir finden die entsprechenden substantivischen Einheiten auch in Verbindung mit anderen Verben wie: *Ernst machen mit etwas, Gram empfinden, Recht haben, Recht geben*. Wenn es darum geht, eine Sonderregelung in der Regelung zu etablieren, dann wird gerne mit solchen vergleichbaren Fällen argumentiert, also es wird Unverständnis dafür herausgestellt, dass man *Gram empfinden* und *gram sein* unterschiedlich schreiben soll. Für diese Unterschiedlichkeit gibt es aber offenbar gute grammatische Gründe, so kann man sagen *er empfindet tiefen Gram*, aber nicht **er ist tiefen Gram/*tiefer Gram*. Die grundsätzlich andere Behandlung von *sein, bleiben* und *werden* kann man also begründen. Ob eine entsprechende grundsätzliche Regelung dieser Art in jedem Einzelfall angemessen ist, sei dahingestellt. Es sind die sogenannten Kopulaverben: Sie nehmen als Ergänzungen Nominale im Nominativ, ein durchaus typischer Kopulasatz enthält zwei Nominative (*der Mann ist ein Lehrer*). Kopulaverben nehmen mitunter auch Substantive im Singular ohne Artikel und sie nehmen Adjektive als Ergänzungen: *Leo ist Schüler* und *Leo ist schlau* sind sehr ähnlich strukturiert, eine Analogie, die es bei anderen Verben nicht gibt. Andere Verben können zwar Adjektive als Ergänzung nehmen wie in *sie sieht gut aus*, aber sie können dann nicht durch einfache Substantive ersetzt werden (*sie sieht wie Romy Schneider aus*, aber nicht **sie sieht Romy Schneider aus*). Insofern ist hier ein Übergang zwischen Substantiv und Adjektiv naheliegend – dieser Übergang ist in dieser Form ausschließlich bei Kopulaverben möglich, das heißt er zieht keine Unmengen von unklaren grammatischen Kategorisierungen nach sich, sondern kann nur sehr beschränkt geschehen. Das ist der grammatische Hintergrund.

Offenbar kann man den Bereich, in dem die Klein- und Großschreibung Probleme bereitet, ziemlich einschränken. Bei Artikellosigkeit von eigentlich ‚artikelpflichtigen‘ Einheiten entstehen die deutlichsten Unsicherheiten in der Schreibung. Diese Unsicherheiten sind ausschließlich im Singular zu finden, wahrscheinlich kein Zufall. Denn letztendlich sind die artikellosen Singulare nicht pluralfähig und nicht kasusfähig. Die Unsicherheiten bei Verbindungen mit Verschmelzungen hängen auch damit zusammen, denn Verschmelzungen sind synchron in vielen Fällen keine Verbindungen aus Präposition und Artikel.

6.3 Warum Substantivgroßschreibung?

Immer wieder wird bemerkt, dass andere Sprachen doch auch ohne die Substantivgroßschreibung auskommen. So steht das Deutsche in den ‚umgebenden‘ Sprachen allein da. Das Niederländische, das Englische, das Französische haben keine dem Deutschen vergleichbare Substantivgroßschreibung und sie ‚funktionieren‘ auch. Diese Sprachen haben aber sehr wohl die Großschreibung von Eigennamen und Satzanfängen. Das Englische hat zum Beispiel auch die Großschreibung von ‚Nationalitätenadjektiven‘ wie *the American people*. Der wesentliche Unterschied zwischen dem Deutschen und den anderen genannten Sprachen liegt in der konsequenten Großschreibung einer Wortart. Im folgenden nenne ich einige Argumente für die Substantivgroßschreibung:

- Die Substantivgroßschreibung ist historisch gewachsen; sie ist von niemandem ‚gemacht‘ worden.
- Das Deutsche neigt zu sehr komplexen Nominalgruppen. Das heißt nicht, dass sie in den anderen (genannten) Sprachen grundsätzlich nicht möglich sind. Aber es heißt, dass sie in der Ausformung sehr typisch für das Deutsche sind. Die Großschreibung hilft nun, potentielle Kerne von Nominalgruppen zu erkennen.
- Ein Experiment (Gfroerer/Günther/Bock 1989) hat gezeigt, dass selbst Niederländer niederländische Texte schneller lesen, wenn die Texte mit der deutschen Substantivgroßschreibung realisiert sind. Das ist sehr erstaunlich, denn es ist ein für die Niederländer völlig ungewohntes Schriftbild. Wenn man nun noch bedenkt, dass praktisch jeder mehr liest als er schreibt, so gibt es wohl gute Gründe, dass Schreibung für den Leser komfortabel sein sollte und nicht für den Schreiber.

Dies sind Gründe ganz unterschiedlicher Art. Sicherlich ist schnelles Lesen kein Selbstzweck, aber es spricht doch sehr viel dafür, so wenig kognitive Energie wie möglich auf den Leseprozess zu verwenden, um Freiraum für die Inhalte zu haben.

6.4 Zusammenfassung

Der schwierigste Teil der Großschreibung ist die Substantivgroßschreibung. Ausgehend von einer Prototypentheorie kann man Substantiven bestimmte Merkmale zuschreiben. Diese Merkmale sind einerseits solche, die im Wort begründet sind und andererseits solche, die für die (aktuelle) Verwendung gelten, also lexikalische und syntaktische. Bei einer Analyse der Substantivgroßschreibung stellt sich heraus, dass die aktuellen syntaktischen Verwendungen offenbar für die Schreibung im Deutschen wichtiger sind als bisher angenommen. Dann erscheint eine systematische Rekonstruktion der Großschreibung möglich. Die Zweifelsfälle sind gut einzugrenzen.

Aufgaben

1. Suchen Sie Kontexte, um die verschiedensten Wortarten substantivisch zu gebrauchen.
2. Nehmen Sie ein Kunstwort wie *quix* und konstruieren Sie Kontexte, in denen Sie es substantivisch, verbal, adjektivisch und adverbial gebrauchen. Versuchen Sie dabei zu begründen, woran Sie jeweils erkennen, wie es gebraucht wird.
3. Wie könnten die Schreibungen der Superlativformen (*am schönsten* und nicht **am Schönsten* wie *im Allgemeinen*) im Sinn der Rechtschreibreform gerechtfertigt werden? Überlegen Sie sich mögliche Antworten.
4. Vergleichen Sie *er ist pleite* und *er geht pleite* syntaktisch und ziehen Sie mögliche Rückschlüsse auf die Schreibung.

Weiterführende Literatur
Eisenberg (1981); (2006a:342ff.); Gallmann (1997); Gfroerer/Günther/Bock 1989; Günther/Nünke (2005); Maas (1992:156ff.); Munske (1997:207-280).

7. Getrennt- und Zusammenschreibung: Der Kernbereich

Vor der Rechtschreibreform war die Getrennt- und Zusammenschreibung fast nicht geregelt, dennoch sind hier wirklich große Katastrophen ausgeblieben. Die Diskussion wurde (und wird) im wesentlichen an den Zweifelsfällen geführt. Das führt hier – wie auch bei der Großschreibung – mitunter zu der Sicht, die Schreibung sei willkürlich und man könne sie nicht verstehen. Für einen Kernbereich ist dies, wie ich im folgenden zeigen werde, aber nicht der Fall. Zunächst betrachten wir den Kernbereich und werden sehen, dass die Regelung einleuchtend ist. Dann werde ich in Kapitel 8 die notorischen Zweifelsfälle erläutern und zeigen, dass die Möglichkeit von zwei Schreibungen mitunter grammatisch gut zu verstehen ist. Wie dann die Regelung im einzelnen vorgenommen wird, sollte erst entschieden werden, wenn man das System verstanden hat.

7.1 Grundsätzliche Prinzipien

Das zugrundeliegende Prinzip der Getrennt- und Zusammenschreibung ist zunächst einmal einfach: Ein Wort wird zusammengeschrieben. Entsprechend werden ‚Nicht-Wörter‘ (Syntagmen) getrennt geschrieben.

(1) **Grundregel:** Ein Wort schreibt man zusammen, Nicht-Wörter (Syntagmen) schreibt man nicht zusammen.

Die Frage, die dem grammatisch zugrundeliegt, ist dann: Was ist ein Wort? Genau genommen geht es dabei um die Frage: Was ist ein graphematisches Wort?

Vorab sei noch einmal betont: Auch die Getrennt- und Zusammenschreibung ist historisch gewachsen und keineswegs von irgendjemandem so verordnet worden. Sie war bis zur Rechtschreibreform sogar der ungeregelte Bereich schlechthin. Trotzdem bestand eine weitgehende Einheitlichkeit, den Bereich der Zweifelsfälle kann man ganz gut umgrenzen und auch grammatisch beschreiben, vgl. dazu Kapitel 8. Wir gehen davon aus, dass sich auch dieser Bereich historisch entwickelt hat – relativ analog dazu, wie sich die Grammatik des heutigen Deutsch auch sonst entwickelt hat. Es geht hier darum, was als ein Wort ‚empfunden‘ wird und dies gilt es mit grammatischen Mitteln zu beschreiben. Ganz offenbar unterscheidet sich das graphematische vom phonologischen Wort. So wird das phonologische Wort im allgemeinen als ein prosodisches Phänomen beschrieben. Das führt auf der einen Seite zum Beispiel dazu, dass komplexe Komposita mehrere phonologische Wörter sind und auf der anderen, dass Klitika (*hamse* für *haben Sie* und *gibt's*) Bestandteile von Wörtern sind. In einzelnen Fällen mag es sich auch vom syntaktischen oder auch vom morphologischen Wort unterscheiden. So kann man zum Beispiel *gang und gäbe* kaum syntaktisch als drei Wörter beschreiben und *Langeweile* ist wegen der internen Flexion morphologisch ein Zweifelsfall. Dennoch können (und müssen) morphologische, syntaktische und auch phonologische Kriterien herangezogen werden, um das graphematische Wort als solches zu erfassen und zu beschreiben.

Auch dem graphematischen Wort (im folgenden einfach ‚Wort‘) nähern wir uns (wie in der Groß- und Kleinschreibung) von zwei Seiten, von einer lexikalischen und von einer syntaktischen. Lexikalisch kann hier noch näher spezifiziert werden, denn es geht ja nicht um die Bestimmung von Wörtern an sich, sondern um die Bestimmung von komplexen Wörtern (bei morphologisch einfachen Wörtern besteht die Möglichkeit einer Getrenntschreibung nicht). Komplexe Wörter werden durch Wortbildung gebildet; wir nehmen ein entsprechendes Prinzip an (vgl. Fuhrhop 2007, Jacobs 2005):

(2) **Das Wortbildungsprinzip:** ‚Verbindungen‘ aus zwei oder mehr Stämmen werden zusammengeschrieben, wenn sie aufgrund einer Wortbildung miteinander verbunden sind.

Für die syntaktische Seite nehmen wir entsprechend das Relationsprinzip an (vgl. Fuhrhop 2007:167, Fuhrhop i.E. a). Sehr häufig bestehen komplexe Wörter aus zwei (oder mehr) einfachen Wörtern, das heißt von der Morphologie her kann es sich um zwei Wörter oder um ein Wort handeln. In der konkreten syntaktischen Umgebung wird dann überprüft, ob die beiden nebeneinanderstehenden Wörter als zwei getrennte syntaktische Einheiten möglich sind oder nicht. Wir prüfen das über das ‚Relationsprinzip‘.

(3) **Das Relationsprinzip:** Einheiten, die syntaktisch nicht analysierbar sind, das heißt insbesondere, die nicht in syntaktischer Relation zu anderen Einheiten in einem Satz stehen, sind Bestandteile von Wörtern. Dies führt zur Zusammenschreibung.

Die beiden Prinzipien wurden in Anlehnung an die vorhandene Literatur (insbesondere Maas 1992:176ff. und Jacobs 2005) in Fuhrhop (2007) entwickelt. Sie sind so in keinem Regelwerk zu finden, sind aber einer langen Tradition der Wortforschung geschuldet. Dass sie so bislang in keinem Regelwerk stehen, liegt auch daran, dass es bisher keine explizite Regelung des Kernbereichs gibt.

Nach dem Relationsprinzip sind syntaktisch interpretierbare Einheiten im allgemeinen syntaktisch selbständig und damit getrennt zu schreiben.

7.2 Anwendung der Prinzipien auf den Kernbereich

Die Prinzipien werden in diesem Kapitel auf den Kernbereich angewandt und in Kapitel 8 auf den Randbereich. Im Kernbereich führen die beiden Prinzipien zu den jeweils gleichen Schreibungen.

Bei der Getrennt- und Zusammenschreibung sind Verbindungen von Interesse, die ‚größer sind‘ als ein Stamm. Das sind zum Beispiel sämtliche Wortbildungen mit Affixen:

(4) a. Sportler, Lehrer, Lehrerin, Wissenschaft, Wissenschaftler, Wissenschaftlerin, freundlich, Freundlichkeit
b. verlaufen, begradigen, entlaufen, erlaufen, zerlaufen

Die Wörter in (4) sind durch Wortbildungsprozesse gebildet, damit sind sie nach dem Wortbildungsprinzip graphematische Wörter und werden zusammengeschrieben. Die Affixe (*-ler, -in, -lich, -keit, be-, ver-* usw.) sind jeweils unselbstständig, sie können syntaktisch nicht analysiert werden, damit sind sie nach dem Relationsprinzip Bestandteil von graphematischen Wörtern und werden mit den entsprechenden Stämmen zusammengeschrieben. Mit beiden Prinzipien kommt man zum gleichen Ergebnis.

Komposita: Im folgenden werden die Komposita erläutert. Komposition ist ein typischer Wortbildungsprozess für das Deutsche. Komposition geschieht durch die Verbindung von zwei oder mehr lexikalischen Stämmen. Die Einheiten können an sich selbständig sein. Daher werden sie hier relativ ausführlich behandelt. In den unproblematischen Fällen kommen insbesondere die Substantivkomposita und ein Großteil der Adjektivkomposita vor. Bestimmte Verbkomposita stellen geradezu den Kernbereich der problematischen Fälle dar und werden daher in Kapitel 8 behandelt. Die Substantivkomposita (solche mit substantivischem Letztglied) werden erstens unterteilt nach der Kategorie des Erstglieds (Substantiv, Verb, Adjektiv usw.) und zweitens danach, ob sie ein Fugenelement enthalten oder nicht (*Versicherung-s-vertreter* vs. *Haus-tür*). In den folgenden Beispielen beschränke ich mich grundsätzlich auf zweigliedrige Komposita, die Beschreibungen sind aber ohne weiteres auf weitaus komplexere Komposita zu übertragen.

(5)   a. Haustür, Haustürschlüssel, Buchladen
       b. Versicherungsvertreter, Schwanensee
       c. Städtetag, Gottesdiener, Lieblingsgetränk

Die Komposita in (5) sind Ergebnisse von Wortbildungsprozessen, es sind reguläre Kompositionen. Damit sind sie nach dem Wortbildungsprinzip graphematische Wörter und werden zusammengeschrieben. Die syntaktische Seite ist hier etwas komplizierter, die unterschiedlichen Fallgruppen müssen dabei einzeln kommentiert werden.

    Die einfache Substantiv-Substantiv-Komposition in (5a) scheint dabei deutlich: Die einzige syntaktische Konstruktion, die eine vergleichbare Form haben könnte, ist die enge Apposition (*Geheimrat Goethe*). Diese ist aber lexikalisch insoweit restringiert als sie entweder einen Eigennamen enthält oder eine Maßangabe (*ein Liter Bier*) (Eisenberg 2006b:256ff.). Bei Substantiv-Substantiv-Verbindungen, die weder eine Maßangabe noch einen Eigennamen enthalten, handelt es sich damit um Substantiv-Komposita. Hier liegt also keine syntaktische Relation vor und die Fälle werden zusammengeschrieben. Allerdings fällt es auch hier nicht schwer, Konstruktionen zu finden, in denen *Haus* und eine Form von *Tür* nicht zusammengeschrieben werden: *Der Tischler liefert an jedes Haus Türen*, vgl. Aufgabe 2.

Die unparadigmischen Fugenelemente in (5b) gehören eindeutig zu Erstgliedern von Komposita, schon die Form lässt eine syntaktische Selbständigkeit der ,ersten' Einheiten nicht zu, *Versicherungs* ist keine mögliche Wortform des Deutschen. Die unparadigmischen Fugenelemente sind ein sicheres Indiz für Zusammenschreibung. Bei den paradigmischen Fugenelementen in (5c) ist eine solche Interpretation nicht eindeutig. Hier gibt es unter bestimmten Voraussetzungen beide Varianten. Da Erstglieder mit paradigmischen Fugenelementen homonym zu Genitivformen sind, im Singular oder im Plural (vgl. Fuhrhop 1998:191), sind hier potentiell Syntagmen mit vorangestelltem Genitivattribut möglich: *der Städtetag – der Städte Tag* (*der Tag der Städte*), *der Gottesdiener – des Gottes Diener, Gottes Diener* (*Gott* als Eigennamen), *das (mein, sein) Lieblingsgetränk – des Lieblings Getränk* (mit unterschiedlicher Bedeutung). Häufig werden die Konstruktionen durch Artikel eindeutig, aber nicht immer. Dann sind beide Analysen möglich. Hier wird ein Punkt deutlich, der bei den Komposita immer wieder auftaucht: Zwar können in vielen Fällen die einzelnen Einheiten keine syntaktische Funktion haben, so dass die Interpretation als Wortbestandteil die einzig mögliche ist. Doch in Fällen wie (3c) mit paradigmischen Fugenelementen können einige Einheiten, die nach anderen Kriterien eindeutig Wortbestandteile sind, syntaktisch analysiert werden, und müssten nach dem Relationsprinzip getrennt geschrieben werden. Die zweite Frage ist dann: Müssen sie syntaktisch analysiert werden? Das Naheliegendste ist hier, auf die Wortbildung zu referieren und für die Schreibung auf das Wortbildungsprinzip. Schließlich gehört die Substantiv-Substantiv-Komposition zum Kernbereich der Wortbildung, also können auch Komposita mit paradigmischen Fugen gebildet werden, und diese werden dann natürlich zusammengeschrieben. Selbstredend ist gleichzeitig die syntaktische Analyse möglich, *des Gottes Diener* ist ohne Zweifel eine zulässige Schreibung, in diesem Kontext – mit dem Artikel *des* – ist ausschließlich die Getrenntschreibung angemessen. Das heißt, eine Substantiv-Substantiv-Verbindung kann syntaktisch als Substantiv mit Genitivattribut analysiert werden und möglicherweise kann die ,gleiche' Substantiv-Substantiv-Verbindung morphologisch als Kompositum mit Fugenelement interpretiert werden. Jede

56

Interpretation führt zu unterschiedlichen Schreibungen. Ohne Probleme kann man sich entsprechende Kontexte ausdenken, diese in einen Text zusammenbringen, Diktate daraus konstruieren und die Schüler restlos verwirren. Wenn wir das nicht tun, können wir uns wohl auf die Intuition der ‚richtigen‘, das heißt der jeweils aktuellen, Interpretation verlassen. Im folgenden werden die Verb-Substantiv-Komposita betrachtet.

(6)   a. Backform, Anziehpuppe
          b. Badehose, Wartesaal, Reibekuchen

Die Verb-Substantiv-Komposition in (6a) ist formal eindeutig, da hier nur der Verbstamm auftritt. Das freie Vorkommen von Verbstämmen (*fasel, beschreib, erwähn*) unterliegt starken pragmatischen Restriktionen (vgl. Teuber 1998). Hier ist wesentlich, dass Verbstämme nicht vor Substantiven frei vorkommen. In dieser Position ist der Verbstamm in keinem Fall syntaktisch interpretierbar; somit wird auch nach dem Relationsprinzip zusammengeschrieben. Das gilt im Prinzip auch für die Formen mit Fugenelement in (6b): Diese könnten Verbformen sein, zum Beispiel {1. Ps, Sg, Ind, Akt, Präs} wie in *ich reibe*. Eine solche Form ist aber an der Stelle wohl nicht zu analysieren, *ich reibe Kuchen* wäre eine mögliche Konstruktion, aber *Reibekuchen* kommt wohl eher in Kontexten vor wie *Leo mag Reibekuchen*. In diesem Kontext aber ist *Reibe* syntaktisch nicht zu analysieren, *Reibekuchen* wird demnach auch nach dem Relationsprinzip in diesem Kontext zusammengeschrieben. Betrachten wir nun die Adjektiv-Substantiv-Komposita.

(7)   Rotwein, Glatteis

Die Adjektiv-Substantiv-Komposita (7) sind ebenfalls im allgemeinen als solche in der Form zu erkennen, wenn es sich um ein flektierbares Adjektiv handelt (*roter Wein, glattes Eis*). Bei unflektierbaren Adjektiven wird dies schon schwieriger (*?extra Portion – Extraportion, rosa Auto*, aber *?Rosaauto*), es kann sowohl eine Komposition (*Extrablatt*) als auch ein Syntagma sein (*rosa Auto*). Diese Fälle sind unterschiedlich akzentuiert, aber dies ist eine Folge der unterschiedlichen Strukturen (so wie die Getrennt- oder Zusammenschreibung es auch ist). Der Akzent ist auch grundsätzlich mit Maas als Kriterium schwierig:

> Zwar gibt es Betonungsdifferenzen, die einer systematischen Beobachtung zugänglich sind – aber in der kritischen Situation einer Schreibunsicherheit helfen sie nicht weiter, weil nahezu jede Aussprache *möglich* ist. (Maas 1992:185)

Hier spielen folgende Restriktionen hinein, die für die gesamte Adjektiv-Substantiv-Komposition gelten: Das Wort *Rotwein* benennt etwas, die Farben für Wein sind stark beschränkt. Eine entsprechende Bildung *Rotpullover* hat nur Sinn, wenn es etwas anderes bezeichnet als einen gewöhnlichen roten Pullover. Das ist der semantische Unterschied, der hier typischerweise zwischen der Attributkonstruktion und dem Kompositum gemacht wird. So gesehen gibt es auch für ein Wort **Rosaauto* keinen Grund, wenn es nur meint, dass ein Auto rosa ist. Das Wortbildungsprinzip dürfte hier ohne weiteres greifen, indem es zeigt, dass **Rosaauto* kein mögliches Kompositum ist. Die Unterscheidung bei Fällen wie *extra* ist unter Umständen schwieriger, im Zweifelsfall sind hier Getrennt- und Zusammenschreibung möglich. Die Menge der unflektierbaren Adjektive ist relativ klein, es sind zum großen Teil Farbbezeichnungen (*rosa, lila, orange* und *extra*) und die sogenannten Stadtadjektive wie *Bremer* und *Oldenburger*.

(8) a. Bremer Stadtmusikanten, Oldenburger Grünkohl
    b. Pragerschinken/Prager Schinken, Schweizerkäse/Schweizer Käse
    c. Berliner Straße/Berlinerstraße

Bei den Stadtadjektiven handelt es sich um unflektierbare Adjektive (vgl. Fuhrhop 2003). Als solche sind sie in dem beschriebenen Sinne doppeldeutig. Allerdings wird wohl kaum *Bremer Stadtmusikannten* zusammengeschrieben werden, diese Konstruktion wird als eine syntaktische interpretiert, *Bremer* ist Attribut zu *Stadtmusikanten*. Zusammenschreibungen findet man in Fällen wie (8a) und (8c). In (8b) handelt es sich um Benennungen, ein *Pragerschinken* ist ein bestimmter Typ von Schinken; das entsprechende Exemplar muss nicht unbedingt aus Prag sein, es sei denn, es handelt sich um einen geschützten Begriff. Zusammenschreibung wird hier manchmal gewählt, um genau das deutlich zu machen. Das heißt aber nicht, dass zusammengeschrieben werden muss.

Für Straßennamen (wie in 8c) wird dies besonders geregelt. Straßennamen werden als Namen im allgemeinen zusammengeschrieben. Sie bilden „als Ganzes einen Eigennamen" (so zum Beispiel in der Neuregelung §37 (4), zitiert nach Gallmann/Sitta 1996:129f.). Bei den dort gegebenen Beispielen ist das auch kein Problem (*Bahnhofstraße, Drosselgasse, Neugraben*, ebd.). Man schreibt aber nur zusammen, wenn es ,möglich' ist, so wird zum Beispiel *Französische Straße* nicht zusammengeschrieben. Ein strukturelles Problem ergibt sich dann bei den ,Stadtadjektiven', die sehr häufig zur Benennung von Straßennamen gewählt werden. Als Benennung würden sie nach dem Wortbildungsprinzip zusammen-

58

geschrieben werden (Komposition); die Flexion verhindert dies nicht wie in *Französische Straße*, weil die Stadtadjektive auf *-er* nicht flektieren. Allerdings ist bei Straßennamen auch eine analoge Behandlung der folgenden Art naheliegend: *Berliner Straße* wird nicht zusammengeschrieben, weil die ansonsten sehr analoge Konstruktion *Französische Straße* nicht zusammengeschrieben wird. Aus dem Relationsprinzip folgt Getrenntschreibung, *Berliner* in *Berliner Straße* kann syntaktisch analysiert werden wie in *Berliner Luft*, als adjektivisches Attribut. Beide Möglichkeiten sind vorgesehen und beide kommen auch vor. Eine Regelung kann dann eine der beiden Möglichkeiten ausschließen, wie es ja sowohl in der alten als auch in der neuen Regelung immer gemacht wurde.

Zur Vervollständigung der Substantiv-Komposita seien hier zumindest noch die Fälle mit Präpositionen genannt:

(9)   Unterhose, Mitglied, Nebensache, Zwischenprüfung

Sie sind Wortbildungen und die Präpositionen sind syntaktisch nicht zu analysieren. Sie regieren das Substantiv nicht, was in den Fällen insbesondere an dem fehlenden Artikel zu erkennen ist: **Unter Hose – unter der Hose, *neben Sache – neben der Sache.* Zudem wird der Kasus des Substantivs nicht von der Präposition bestimmt. Insbesondere in größeren Zusammenhängen sind hier wohl kaum Doppeldeutigkeiten zu erwarten: *die Mitglieder der DGfS – *die mit Glieder der DGfS.* Nach beiden Prinzipien werden diese Fälle zusammengeschrieben. So weit zu den Fällen, die als Substantiv-Komposita gelten können.

Im folgenden geht es um Adjektivkomposita, also Komposita mit adjektivischem Zweitglied.

(10) a. himmelblau, kerngesund
      b. bedeutungsarm, bleifrei, preiswert
      c. liebenswürdig, liebenswert

In (10a) handelt es sich um Substantiv-Adjektiv-Komposita. (10bc) können als Rektionskomposita gesehen werden, da das Erstglied vom Zweitglied in gewisser Weise regiert wird. Das heißt, Adjektive regieren zum Teil andere Einheiten. So regiert *arm* eine Präpositionalgruppe mit *an*: *arm an Bedeutung*. Rektionskomposita sind in diesem Sinne zu interpretieren: im Erstglied steckt (zumindest von der Bedeutung her) das regierte Element.

Für alle der genannten Substantiv-Adjektiv-Komposita (ausgenommen den Komposita mit unparadigmischen Fugenelementen wie *bedeutungsarm*) sind ohne weiteres Kontexte zu konstruieren, in denen die beiden Bestandteile syntagmatisch nebeneinander stehen. Die Frage ist dann, wie man erkennt, ob jeweils ein Wort vorliegt oder ein Syntagma? Innerhalb von Kontexten ist es wohl eindeutig:

(11) a. Leo malt den Himmel blau – er malt (die Blumen) himmelblau
b. das von Blei freie Benzin, das Benzin ist von Blei frei – das bleifreie Benzin, das Benzin ist bleifrei
c. das Fahrrad ist seinen Preis wert – das Fahrrad ist preiswert
d. das des Liebens würdige Kind, das Kind ist des Liebens würdig, das Kind ist liebenswürdig

Wenn sie durch den Kontext als Substantiv-Adjektiv-Komposita einzuordnen sind, werden diese Fälle also zusammengeschrieben.

Die Adjektiv-Adjektiv-Komposition bildet strukturell Zweifelsfälle. Formal können es Komposita oder Syntagmen sein, weil es möglich ist, ein Adjektiv durch ein anderes (unflektiertes) Adjektiv zu modifizieren: *extrem schön, schön blöd, voll bescheuert.*

(12) a. süßsauer, rotgelb
b. hochhackig, volljährig, schöngeistig
c. vollschlank, leichtverdaulich

Die Wörter in (12ab) sind Ergebnisse von Wortbildungsprozessen. Eine syntaktische Analyse ist insbesondere möglich bei ‚graduierenden' Adjektiven. Dabei sind die in (12b) besonderen Typs: weder sind es Ableitungen von Komposita (*Hochhacken, *Volljahr), noch sind es Komposita mit abgeleiteten Adjektiven (*hackig, ??jährig). Fleischer (1982:259) bezeichnet sie als Ableitungen von Wortgruppen; sie werden zusammengeschrieben. Derartige Fälle scheint es im Deutschen ausschließlich bei den Adjektiven zu geben. Insbesondere das Suffix -ig scheint hier reihenbildend zu sein. Wenn es aber keine Wörter wie *hackig, *jährig usw. gibt, dann ist eine syntaktische Interpretation nicht möglich.

Insbesondere die Fälle in (12c) sind schwieriger, sie werden in Abschnitt 8.4, S.73ff. in den problematischen Fällen behandelt, denn sowohl *vollschlank* als auch *voll schlank* sind denkbar, allerdings mit unterschiedlicher Bedeutung – die Unterscheidung in der Schreibung wird hier geradezu wesentlich für die Interpretation.

(13) backfertig, waschecht, streichfest, krümelfrei

Die Verb-Adjektiv-Komposition wie in (13) ist wiederum eindeutig, weil dies keine Position ist, in denen freie Verbstämme vorkommen (vgl. S.57).

Abschließend zu einigen Verbindungen mit Verben als zweitem Bestandteil.

(14) a. übersetzen, durchlaufen
     b. haushalten

Die genannten Varianten sollen hier die untrennbaren sein: *Christoph übersetzt den Text, sie durchläuft den Wald, er haushaltet gut.* Untrennbare Verben (14) werden zusammengeschrieben. Es handelt sich um einen Wortbildungsprozess; es herrscht zwar in der Morphologie keine Einigkeit darüber, um welchen Wortbildungsprozess es sich handelt. Aber für die Graphematik ist die genaue Beschreibung letztendlich irrelevant. Entscheidend ist hier die Untrennbarkeit; syntaktisch sind sie ohne Zweifel Wörter, eine syntaktische Interpretation des ersten Gliedes ist nicht möglich.

7.3 Zusammenfassung

Soweit können wir einen Kernbereich bestimmen. Die weiteren Verbindungen mit Verben sind trennbar und daher notorische Zweifelsfälle. Sie werden im nächsten Abschnitt mit den gleichen Mitteln diskutiert.

Die Getrennt- und Zusammenschreibung ist mit zwei Prinzipien geregelt, einem morphologischen und einem syntaktischen. Das morphologische gibt dabei die grundsätzlichen Möglichkeiten vor (kann eine konkrete Verbindung eine Wortbildung sein?), mit dem syntaktischen wird aus den Möglichkeiten ausgewählt, das heißt in einem konkreten Kontext ist nur eine Schreibung möglich (*Der Tischler liefert an jedes Haus Türen/ *Haustüren*). Damit ist es angemessen, grundsätzlich beide Schreibungen zuzulassen.

Dabei gibt es auch einige Fälle, in denen trotz enger Zusammengehörigkeit die Interpretation als Wort aufgrund der Form ausgeschlossen ist; hier führen beide Beschränkungen zur Getrenntschreibung.

(15) a. in Beziehung setzen, in Angriff nehmen, zur Diskussion stellen
     b. ins Auge gehen, übers Ohr hauen
     c. grüner Kloß, blinder Passagier

Dies sind keine Wortbildungen, sondern ‚Phraseologismen', usualisierte oder möglicherweise lexikalisierte Phrasen. Die jeweilige Form lässt nicht zu, diese jeweils als ein Wort zu interpretieren.

Aufgaben

1. Konstruieren Sie jeweils Beispiele, in denen *Frauen – Rechte* zusammengeschrieben und getrennt geschrieben wird.

2. Warum wird in *Der Tischler liefert an jedes Haus Türen* und in *er liefert Haustüren* einmal getrennt und einmal zusammengeschrieben? Analysieren Sie die Beispiele mit Hilfe des Wortbildungs- und des Relationsprinzips.

3. Dass in dem Beispiel *Leo malt den Himmel blau* die letzten beiden Wörter (*Himmel* und *blau*) getrennt geschrieben werden, mag Ihnen überaus trivial vorkommen, ebenso, dass *himmelblau* in *er malt die Blumen himmelblau* komplex ist, also zusammengeschrieben wird. Versuchen Sie aber mal, genau diesen Sachverhalt syntaktisch zu begründen. (Sie werden merken, wie viel syntaktisches Wissen dafür nötig ist, das in der Intuition des Schreibers verankert ist.)

Weiterführende Literatur
Vgl. Kapitel 9.

8. Getrennt- und Zusammenschreibung: die Zweifelsfälle

Eine Charakterisierung der problematischen Fälle könnte die folgende sein: Die beiden Prinzipien (das Wortbildungsprinzip und das Relationsprinzip) führen entweder nicht zur gleichen Schreibung oder sie sind nicht ohne weiteres anzuwenden. Was meine ich damit?

Das Wortbildungsprinzip bezieht sich auf Wortbildungsprozesse. Das Deutsche hat Wortbildungsprozesse, die sehr produktiv sind, wie zum Beispiel die Affigierung und die Substantivkomposition. Daneben gibt es aber Prozesse, die nur vereinzelt zu neuen Bildungen führen, sowohl im synchronen System als auch im diachronen. Als geradezu klassische Fälle für solche morphologischen Prozesse können Rückbildung, Univerbierung und Inkorporation gelten. Mitunter führen diese Prozesse (insbesondere die Rückbildung) gar nicht zu voll funktionsfähigen Wörtern (vgl. S.70).

Univerbierung meint, dass zwei (oder mehr) Wörter, die häufig nebeneinander stehen, zusammenwachsen können; typische Beispiele dafür sind im Deutschen komplexe Präpositionen wie *aufgrund, anstelle, anhand*. Sie sind aufgrund von Sprachwandel zu Wörtern geworden. Es handelt sich bei den genannten Wörtern um Präpositionen, die einen Genitiv regieren. Und so regieren sowohl *auf Grund* als auch *aufgrund* einen Genitiv, es sind an sich komplexe Präpositionen, die Zusammenschreibung ist konsequent. Auf der anderen Seite ist in den genannten Präpositionen der substantivische Bestandteil noch deutlich zu erkennen. Im Gegensatz zu einer Präpositionalgruppe (*auf dem Grund*) ‚fehlt‘ allerdings der Artikel. So kann *Grund* in *der Schatz liegt auf dem Grund* oder *ich gehe der Sache auf den Grund* zweifellos als selbständiges Substantiv analysiert werden. Dass aber *aufgrund* insgesamt eine Präposition ist, ist auch daran zu erkennen, dass es einen Genitiv regieren muss. Wäre es ein selbständiges Substantiv, könnte es einen Genitiv regieren (*der Schatz liegt auf dem Grund des Meeres*). Ein Adverb wie *stattdessen* hingegen ist durch **Inkorporation** des Nominals entstanden. Die Präposition *statt* ‚inkorporiert' das von ihr regierte Element.

Die Univerbierung ist an sich schon ein Übergang von einem Syntagma zu einem Wort. Es ist damit unmittelbar einleuchtend, dass dieser Prozess in der Getrennt- und Zusammenschreibung zu typischen Problemfällen führt.

Auch die Rückbildung kann als untypischer Wortbildungsprozess gesehen werden. Unter Rückbildung stellt man sich folgenden Prozess vor: Aus einem Verb *spar(en)* wird durch reguläre Ableitung eine Nominalisierung *Sparer* gebildet. Dieses bildet durch reguläre Substantivkomposition *Bausparer*. Aufgrund des regulären Suffixes *–er* wird das Substantiv zu einem Verb rückgebildet: *bauspar(en)*.

(1)   spar(en) → Sparer → Bausparer → bauspar(en)

Wir haben einen Infinitiv, der als solcher gebraucht werden kann (*Franz wird bausparen*), aber kann er auch ‚getrennt' werden? Ist *Franz spart bau* grammatisch? Hierin kann man die Probleme erkennen: Erstens sind hier von unterschiedlichen Sprechern ganz unterschiedliche Grammatikalitätsurteile zu erwarten und zweitens gibt es bei Nichttrennbarkeit überhaupt keinen Grund der Getrenntschreibung. Bei Rückbildungen muss nicht die Zusammenschreibung begründet werden, sondern im Gegenteil die Getrenntschreibung, vgl. S. 70.

Das alles sind aber Prozesse, die für die deutsche Wortbildung nicht besonders typisch sind. Das ist ein weiterer Punkt, wie ‚Problemfälle' entstehen, vgl. dazu 8.8, S.79. Das syntaktische Prinzip wird in den jeweiligen Fällen erläutert.

Da hier viele einzelne Fallgruppen behandelt werden, möchte ich sie zunächst auflisten, um einen Überblick zu ermöglichen: Zunächst wird der Bereich der **trennbaren Verben** behandelt. Dabei geht es zum einen um die Substantiv-Verb-Verbindungen wie *radfahren/Rad fahren* und *eislaufen*, zum anderen um die Adjektiv-Verb-Verbindungen wie *weich kochen* und *krankschreiben*. Ein zweiter großer Abschnitt sind die **Adjektivkomposita**, die wiederum zu unterteilen sind: Adjektiv-Adjektiv-Komposita (*vollschlank*

– voll schlank), Komposita mit *nicht-* (*nichtflektiert – nicht flektiert*) und speziell Verbindungen mit **Partizipien** wie *die Bier trinkenden/ biertrinkenden Fans, alleinerziehend* und *abstiegsgefährdet.* Zum Schluss folgt ein Abschnitt über **Präpositionen** und ihre Ergänzungen wie *aufgrund* und *stattdessen.* Die Schwierigkeiten mit der Schreibung können sehr häufig mit den speziellen Eigenschaften der genannten Einheiten direkt in Verbindung gebracht werden. Auch das werde ich im folgenden tun.

8.1 Trennbare Verben – Verbkomposita

Komplexe Verben sind häufig trennbar und dies macht ihren Wortstatus so problematisch. Man unterscheidet die morphologische Trennbarkeit mit *ge-* und *zu* (*angefangen – anzufangen*) und die syntaktische (*der Film fängt jetzt an*). Es ist in der modernen (morphologischen) Forschung durchaus umstritten, ob Partikelverben (zum Beispiel *anfangen*) Wörter sind (so zum Beispiel Zeller 2001 und Lüdeling 2001). Graphematisch sind sie Wörter: *anfangen* wird in Kontaktstellung zusammengeschrieben.

Bei den trennbaren Verb-Verbindungen sind die folgenden großen Gruppen zu beschreiben: die ‚klassischen' Partikelverben, die Substantiv-Verb-Verbindungen des Typs *radfahren, eislaufen,* die Adjektiv-Verb-Verbindungen des Typs *weich kochen* und des Typs *krankschreiben* und die Adverb-Verb-Verbindungen wie *herunterfallen.* Verb-Verb-Verbindungen wie *kennenlernen, spazierengehen* finden sich hingegen nur einige wenige.

Nehmen wir zuerst den großen Bereich der **Partikelverben**, und zwar bestimmter Partikelverben, nämlich die mit vermeintlichen Präpositionen als Erstglied.

(2)   ab, an, auf, aus, bei, durch, entgegen, entlang, gegen, mit, nach, über, um, unter, vor, wider, zu, zwischen

Diese sind von einer lexikalischen Seite her Präpositionen. Sie fungieren hier aber nicht als Präpositionen. Präpositionen regieren ein Nominal (zum Beispiel ein Pronomen in *auf ihn*) oder eine Nominalgruppe (zum Beispiel *auf den Jungen*). In Verbindung mit bestimmten Verben tun sie das nicht (*ich hänge das Bild auf ≠ ich hänge das Bild auf die Wand*). Die Präpositionen sind in diesen Kontexten syntaktisch nicht interpretierbar. Mit dem Relationsprinzip sind die Präposition-Verb-Verbindungen dann graphematische Wörter. Damit ist der hochfrequente Bereich der Partikelverben beschrieben, die ‚präpositionale‘ Erstglieder haben. Es sind aber offenbar noch sehr viel mehr mögliche Erstglieder in Verb-Verbindungen zu finden.

Auch Adverbien sind hier potentielle Erstglieder: *fort, gegenüber, wieder, zusammen* u. a. Viele zusammengesetzte Wörter des Typs *hin* und *her* als Erstglied und einer Präposition als Zweitglied (*hinab, herab, herbei, herüber, herum, hinunter, hindurch*) sind in Zusammenhang mit Verben zu betrachten, sie sind direktional: *hinunterfallen, herumlaufen, herbeieilen.* Weiterhin gibt es einige Bestandteile, die in der Form nur in Zusammenhang mit Verben vorkommen: *dar* und *ein* (für *in*) wie in *darstellen, darlegen, einkaufen, einholen.* Ich möchte das ein wenig pauschal kommentieren: Die meisten dieser möglichen Erstglieder von Verben kommen frei praktisch nicht vor oder die Bedeutung ist sehr abgewandelt. Die Fälle sind noch nicht alle im einzelnen untersucht. Es ist aber anzunehmen, dass auch sie sich im Spannungsverhältnis zwischen Wortbildung und syntagmatischer Relation bewegen.

Betrachten wir die Gruppen im folgenden etwas näher. Diejenigen, die meines Erachtens in der Zusammenschreibung die wenigsten Probleme bereiten, sind vom Typ *anfangen.* Hier findet man praktisch keine Getrenntschreibung.

Was dazu das Wortbildungsprinzip sagt, dürfte mit der derzeitigen Debatte in der Morphologie nicht so einfach zu beantworten sein. Partikelverben können Wortbildungen sein, sie sind aber wie gesagt als solche gerade in der jüngeren Forschungsliteratur umstritten: So zeigt Lüdeling (2001), dass die Partikelverben relativ wenig Worteigenschaften haben. Versuchen wir es mit den beiden Prinzipien: Möglicherweise kann das Wortbildungsprinzip nicht greifen, falls hier nämlich keine Wortbildungen vorliegen. Dann hilft die Frage nach einer syntaktischen Interpretierbarkeit im Sinne des Relationsprinzips, zumindest bei denen, die homonym zu einer Präposition sind. Als Präpositionen erfüllen sie nicht die vorgesehenen Funktionen für Präpositionen, sie erscheinen nicht innerhalb von Präpositionalgruppen, sie regieren kein Nominal. Damit sind sie nach dem Relationsprinzip zusammenzuschreiben. Man kann es dann auf die Frage zuspitzen, wie *an* syntaktisch interpretiert werden soll in einem Satz wie *er fängt mit dem Studieren an*?

Bei den Verb-Verbindungen mit den genannten Adverbien ist das schwieriger. Sie können als Adverb möglicherweise syntaktisch als Adverbial fungieren: *sie sitzen beisammen, sie bleiben beisammen: beisammenbleiben, -sitzen, -stehen.* Auch hier ist eine Tendenz zur Universierung festzustellen. Die genannten direktionalen

Adverbien (*herunter, hinab* usw.) kommen aber wie gesagt nur in Verbindung mit bestimmten Verben vor; das zeigt, dass sie nicht frei verwendbar sind. Auch wenn der Wortbildungstyp nicht konkret benannt werden kann, so finden sich hier doch typische Eigenschaften von Wortbildungen. Im folgenden beschreibe ich die großen und erweiterbaren Gruppen, zunächst die Substantiv-Verb-Verbindungen und anschließend die Adjektiv-Verb-Verbindungen.

8.2 Substantiv-Verb-Verbindungen

Substantiv-Verb-Verbindungen wie *Rad fahren* und *brustschwimmen* sind ein nahezu klassisches Streitthema in dieser Diskussion. Hier ergeben sich zwei Schreibprobleme: 1. *rad_fahren* getrennt oder zusammen? 2. *rad* klein oder groß? Die alte Regelung sah hier wie folgt aus: Zusammenschreibung war erlaubt, in getrennter Stellung sollte *rad* groß geschrieben werden.

Was liegt dem zugrunde? Diese Verbindungen sind zunächst einmal grammatisch zu betrachten. Man kann durchaus feststellen, dass die Substantiv-Verb-Verbindungen sich keineswegs einheitlich verhalten. So scheint zum Beispiel *ich fahre das rad* eher grammatisch zu sein als **ich schwimme die brust* (hier wird konsequent klein geschrieben, um keine Interpretation vorwegzunehmen). Das Wortbildungsprinzip greift hier grundsätzlich, denn es sind Rückbildungen. Zu den Verbindungen findet man entsprechende komplexe Substantive wie *Radfahrer, Eislauf, Brustschwimmer* und *Kopfstand.* Allerdings findet man auch *Biertrinker.* Der Unterschied zwischen *Bier trinken* und *brustschwimmen* ist die syntaktische Analysierbarkeit. In *Bier trinken* ist *Bier* Objekt zu *trinken,* in *brustschwimmen* ist *Brust* nicht Objekt zu *schwimmen,* was zum Beispiel an der Unmöglichkeit des Artikels zu erkennen ist. Dabei ist Objekt natürlich nicht die einzig mögliche syntaktische Relation; das Ganze ist als Illustration gemeint. In den entsprechenden Fällen kann man erstens die enge Zusammengehörigkeit der Substantiv-Verb-Verbindungen zeigen und zweitens, dass sich die substantivischen Einheiten nicht wie (syntaktische selbständige) Substantive verhalten. Betrachten Sie dazu Tabelle 1, S.68.

In dieser Tabelle sind einige Substantiv-Verb-Verbindungen aufgelistet und es werden verschiedene Grammatikalitätstests gemacht. Dabei sind schon Grammatikalitätsurteile angegeben (‚*' für ungrammatisch, ‚?' für fraglich). Sicherlich wird jeder einzelne Leser andere Grammatikalitätsurteile abgeben. So ist nicht für jeden *er* *schwimmt brust* gleichermaßen grammatisch. Wenn dieses Beispiel ungrammatisch ist, dann heißt das, dass *brustschwimmen* nicht trennbar ist, dann sollte es auch nicht getrennt geschrieben werden. Ebenso ist für viele *ich fahre nicht rad* grammatisch, was zeigt, dass substantivische Einheit und Verb in einer engeren Verbindung stehen als für Verb-Objekt-Konstruktionen üblich. Was folgt aus derartigen Aussagen? Die Erfahrung zeigt, dass hier keineswegs einheitliche Grammatikalitätsurteile entstehen, das heißt jeder Sprecher hat andere Toleranzschwellen. Die Fälle an sich stellen einen Übergangsbereich dar zwischen Wort und Syntagma. Daher ist es zunächst einmal einleuchtend, dass hier verschiedene Schreibungen vorkommen. Es geht darum, den Problembereich zu verstehen, um dann Regelungen verstehen zu können. Im Zweifelsfall ist es einfacher und auch besser, eine unsinnige Regelung einfach zu lernen als zu meinen, man könne sie verstehen.

In der obersten Zeile steht *Bier trinken* als Kontrollfall; hier handelt es sich eindeutig um ein Syntagma, *Bier* ist Objekt zu *trinken*. In der letzten Zeile steht als Kontrollfall mit *anfangen* ein typisches Partikelverb, es wird eindeutig zusammen geschrieben. Ich werde im folgenden kurz die einzelnen Tests erläutern:

1. *Andere Verben?* Hier wird getestet, inwieweit das Erstglied reihenbildend ist. Wenn es eine offene syntaktische Konstruktion ist, wäre hier zu erwarten, dass viele andere Verben auch mit der substantivischen Einheit kombinieren. Die Nichtkombinierbarkeit mit anderen Verben ist schon ein deutlicher Hinweis auf die Wortigkeit der gesamten Verbindung.

2. *Artikelfähig?* Hier wird getestet, inwieweit die substantivischen Einheiten in den konkreten Verbindungen artikelfähig sind. Von der lexikalischen Seite her sind alle bis auf *eis* Appellativa, das heißt es ist ein Artikel im Singular zu erwarten. Bei *Eis* als Stoffsubstantiv sollte er möglich sein. Dass manche keinen Artikel nehmen können, ist ein Hinweis auf die syntaktische Unselbstständigkeit der Substantive.

3. *Erweiterbar?* Von syntaktisch selbständigen Substantiven erwartet man, dass sie attributfähig sind.

	1. andere Verben?	2. artikelfähig?	3. erweiterbar?	4a. kein?	4b. nicht?	5. Perfekt?	6. immer klammerbildend?	7. vorfeldfähig?
ich trinke bier	ich kaufe/ mag bier	ich trinke ein/ das bier	ich trinke ein kühles bier	ich trinke kein bier	*ich trinke nicht bier	haben	ich trinke bier gerne	bier will ich am montag trinken
ich spiele klavier	ich lerne/ übe klavier	ich spiele das/ ?ein klavier	ich spiele ein altes klavier	ich spiele kein klavier	ich spiele nicht klavier	haben	?ich spiele klavier gerne	klavier will ich am montag spielen
ich fahre rad	ich *trete/ *schiebe rad	ich fahre das/ ?ein rad	ich fahre ein grünes rad	ich fahre kein rad	ich fahre nicht rad	sein	?ich fahre rad gerne	*rad will ich am montag fahren
ich laufe schlittschuh	ich *renne/ *gehe schlittschuh	ich laufe *den/ *einen schlittschuh	?ich laufe einen schwarzen schlittschuh	ich laufe kein schlittschuh	ich laufe nicht schlittschuh	sein	??ich laufe schlittschuh gerne	*schlittschuh will ich am montag laufen
ich laufe eis	ich *renne eis/ *gehe eis	ich laufe *das/ *ein eis	*ich laufe ein festes eis	ich laufe kein eis	ich laufe nicht eis	sein	??ich laufe eis gerne	*eis will ich am montag laufen
ich schwimme brust	ich *gleite/ *liege brust	ich schwimme *die/*eine brust	*ich schwimme eine flache brust	*ich schwimme keine brust/ ??kein brust	ich schwimme nicht brust	sein/ haben	??ich schwimme brust gerne	*brust will ich am montag schwimmen
ich stehe kopf	ich *liege/ *sitze/*hebe kopf	ich stehe *den/ *einen kopf	*ich stehe einen dummen kopf	ich stehe kein kopf	ich stehe nicht kopf	haben	??ich stehe kopf gerne	*kopf will ich am montag stehen
ich fange an	ich trete/ leite an	–	–	*ich fange kein an	ich fange nicht an	haben	*ich fange an gerne	*an will ich am montag fangen

Tabelle 1: Grammatikalitätsurteile konkret

4. *Verneinung*: (a) *mit* kein? Sobald ein indefinites Substantiv in einem Satz auftritt, wird mit *kein* verneint (*ich trinke kein Bier*). Wenn *kein* nicht auftreten kann, ist das ein deutlicher Hinweis darauf, dass die substantivische Einheit im gegebenen Kontext kein syntaktisch selbständiges Substantiv ist. Hier kommt unter Umständen noch ein ganz besonderes Problem hinzu. In den gegebenen Grammatikalitätsurteilen habe ich *ich schwimme kein brust* als besser (zwei Fragezeichen) bewertet als *ich schwimme keine brust* (ungrammatisch). Wie ist das zu bewerten? Eigentlich nur damit, dass *brust* zwar auf der einen Seite als Substantiv erkannt wird (die Verneinung mit *kein* ist möglich), auf der anderen Seite aber nicht als feminines Substantiv behandelt wird, sondern als genuslos.

(b) *mit* nicht? Dass die Verneinung mit *nicht* möglich ist, zeigt jeweils die enge Zusammengehörigkeit von substantivischer Einheit und Verb.

5. *Perfektbildung?* Hinter der Perfektbildung verbergen sich bestimmte Annahmen und Beobachtungen über das Deutsche, so zum Beispiel die Frage, ob die substantivische Einheit überhaupt als direktes Objekt interpretiert werden kann und damit letztendlich die Frage, ob das Relationsprinzip hier mit genau dieser syntaktischen Funktion greift oder nicht. Verben, die ihr Perfekt mit *sein* bilden, nehmen kein direktes Objekt. Der Unterschied kann an *fahren* sehr schön gezeigt werden, denn *fahren* hat zwei mögliche Perfektbildungen: *ich bin gefahren – ich habe mein Kind (nachhause) gefahren/*ich bin mein Kind gefahren*. *Radfahren* bildet sein Perfekt aber mit *sein*: *ich bin radgefahren – *ich habe Rad gefahren, ich habe das Rad (nachhause) gefahren* (pers. Hinweis Elke Hentschel). Daher ist *rad* in *radfahren* kein direktes Objekt.

6. *Immer klammerbildend?* Typisch für Partikelverben ist, dass sie eine Verbalklammer bilden; die Verbpartikel steht im Hauptsatz hinten. Der Zwang zur Klammerbildung ist jeweils ein Hinweis auf die Wortigkeit.

7. *Vorfeldfähigkeit?* Dieser Test zeigt die Selbständigkeit der jeweiligen Einheit.

In den Tests wird im wesentlichen gefragt, inwieweit das Relationsprinzip greift. Diese Frage wird anhand der substantivischen Einheit behandelt, die potentiell unselbstständig ist.

Nun noch einmal zu dem Wortbildungsprinzip. Die Verbindungen sind wohl durch Rückbildung entstanden, das heißt *radfahren* von *Radfahrer, brustschwimmen* von *Brustschwimmer* und *kopf-*

stehen von *Kopfstand*. Sie werden rückgebildet und sind zunächst in den untrennbaren Positionen gebräuchlich (*sie will kopfstehen, weil sie kopfsteht*). Rückbildungen sind sozusagen ein umgekehrter Wortbildungsprozess. Er wird sichtbar, wenn ‚schräge' Verbindungen herauskommen, also gerade keine Verb-Akkusativ-Kombinationen.

Auch wenn die Rückbildung keine typische Wortbildung ist, die Substantivkomposition ist es. Eine Verbindung *Radfahrer* entsteht durch einen produktiven Wortbildungsprozess. Die Reinterpretation des Suffixes ist dann der Prozess, der nicht vollständig produktiv ist; es entstehen häufig komplexe Verben mit einem unvollständigen Paradigma.

Günther (1997) nimmt an, dass die Rückbildung zu sehr viel mehr trennbaren Verben führt als hier angenommen. Warum führt eine Rückbildung aus *Holzhacker, Biertrinker, Parkettabschleifer* und *Wetterbeobachter* nicht zu Schreibungen wie *<holzhacken>, *<biertrinken>, *<parkettabschleifen>, *<wetterbeobachten>?

Der Unterschied kann über die syntaktische Funktion gefasst werden: *Wetter* ist ein mögliches direktes Objekt zu *beobachten*, *brust* ist kein mögliches direktes Objekt zu *schwimmen*. Das heißt Rückbildung ist im Prinzip möglich, sie führt aber in den genannten Fällen nicht zu komplexen Verben, weil sie nach dem Relationsprinzip umgehend analysiert werden. Hier zeigt sich die unterschiedliche relative Stärke der Prinzipien, vgl. Abschnitt 8.8, S.79f. Rückbildung ist ein ‚schwacher' Wortbildungsprozess, die Verb-Objekt-Beziehung ist eine ‚starke' syntaktische Relation; daher gewinnt hier das Relationsprinzip.

8.3 Adjektiv-Verb-Verbindungen

Es gibt eine Reihe von Adjektiv-Verb-Verbindungen, die eine Tendenz zur Zusammenschreibung haben. Sie sind häufig der syntaktisch völlig regulären Resultativkonstruktion ähnlich wie *Karl kocht die Kartoffeln weich*. Die Kartoffeln werden weich durch das Kochen – daher ‚Resultativkonstruktion'. Das Adjektiv ist ein Adverbial und es ist fakultativ (*Karl kocht die Kartoffeln*). Das Relationsprinzip führt hier zur Getrenntschreibung.

(3) a. Karl kocht die Kartoffeln weich.
     b. Anne kauft den Laden leer.
     c. Luise schläft sich gesund. Maria singt sich heiser.
     d. Franziska lacht sich tot.

e. Die Arbeit stellt ihn zufrieden. Er macht sich kaputt.
f. Der Arzt schreibt den Patienten krank.
g. Er arbeitet schwarz. Der Richter spricht ihn frei.
h. Die Arbeit fällt ihm schwer. Heiraten liegt ihm fern.

In den Beispielen ist eine gewisse Reihung zu finden. So ist (3b) zwar mit (3a) vergleichbar, allerdings bekommt der Satz ohne das Adjektiv eine ganz andere Bedeutung (*Anne kauft den Laden*). *kaufen* und *leer_kaufen* bedeuten offenbar nicht das gleiche.

In den Beispielen (3c-h) ist die Valenz nicht mehr allein vom Verb bestimmt. Die Verben in (3c) sind alleine nicht reflexiv: *sie schläft sich gesund – *sie schläft sich, sie singt sich heiser – *sie singt sich*. Offenbar bestimmen Adjektiv und Verb gemeinsam die Valenz; ohne dass sie eine Addition der entsprechenden Valenzen wären. So ist das Reflexivpronomen weder vom Verb (**sich singen*) noch vom Adjektiv regiert (**sich heiser*).

Einige der Adjektive können im heutigen Deutsch als reihenbildend gesehen werden, insbesondere *leer, voll, tot, fest*. Reihenbildung gilt als geradezu typisch für Komposita. Allerdings beschreibt Reihenbildung hier gerade nicht die typischen Fälle, so ist zum Beispiel *fest schrauben* durchaus als Resultativkonstruktion zu lesen (*Karl schraubt den Haken fest*), *feststellen* (in dem Sinne von ‚bemerken'), *festlegen* können so nicht analysiert werden. Auch bei *tot* finden sich einige Fälle, in denen nicht ‚tot' gemeint ist: *er lacht sich tot – er schlägt den Hasen tot*. In *totschlagen* kann durchaus *tot* gemeint sein, in *totlachen* hoffentlich nicht.

Entsprechend gibt es auch reihenbildende Verben: *stellen* und *machen* wie in *fertig_machen, zufrieden_stellen – sicher_stellen, bereitstellen, klarstellen, (jmd.) fertigmachen* usw. sind als Begriffe zu verstehen. Sie verhalten sich zwar untereinander unterschiedlich. Insbesondere ist aber deutlich, dass die Valenz der komplexen Verben eine andere ist als die der einfachen. *Stellen* alleine findet sich in Kontrastkontexten wie *ich lege die Flasche nicht, ich **stelle** sie*, aber schon *?ich stelle die Flasche* ist alleine fragwürdig. Auch hier sind die komplexen Verben zumindest transitiv, manche nehmen auch einen *dass*-Satz (*er stellt klar, dass die Erde rund ist*). Die Verbindungen mit *stellen* und *machen* sind insofern eine Sonderklasse, als sie besonders viele Verbindungen mit Adjektiven herausbilden, deren gemeinsame Valenz sich nicht aus den Einzelvalenzen ergibt.

In (3f-g) handelt es sich um Rückbildungen. Als solche werden sie zusammengeschrieben. Voraussetzung für eine Rückbildung ist, dass es das entsprechende Substantiv gibt (*Schwarzarbeit, Frei-*

spruch, Krankschreibung). *schwarz arbeiten* ist keine Resultativ-konstruktion, es ist nicht transitiv. Auch die Bildungen in (3h) sind nicht transitiv, sie nehmen keinen Akkusativ, sondern einen Dativ. Weil dies Rückbildungen sind, ist Zusammenschreibung vertretbar (Wortbildungsprinzip). Zum Teil sind sie aber auch syntaktisch zu analysieren, *schwarz* ist Adverbial zu *arbeiten*, allerdings mit einer sehr speziellen Bedeutung. *Heiraten liegt ihm* wäre auch grammatisch, *fern* kann hier grammatisch als freie Angabe betrachtet werden. In *die Arbeit fällt ihm schwer* ist die analoge Analyse nicht möglich, **die Arbeit fällt ihm* ist nicht grammatisch.

Um die Adjektiv-Verb-Verbindungen zu beschreiben, ist also die Valenz ein klarer Hinweis. Ist die Valenz der Verbindung die gleiche wie die von dem Verb alleine? Dann spricht alles für eine syntaktische Interpretation, das Adjektiv ist dann Adverbial zum Verb (*er trinkt den Kaffee heiß* ist dann wie *er streicht die Wand weiß*). Geht die Valenz nicht alleine vom Verb aus, zeigt das sehr deutlich, dass Adjektiv und Verb hier eine engere Verbindung eingehen als sonst üblich. Formal wird diese engere Verbindung in der Wortstellung sichtbar, so wirken Adjektiv und Verb weitgehend klammerbildend: *ich koche die Kartoffeln weich – *ich koche weich die Kartoffeln* (*ich koche schnell noch/müde die Kartoffeln*). Diese engere Verbindung kann sich auch zeigen in der (relativen) Einmaligkeit der beteiligten Elemente (*blank putzen – ?sauber putzen*) und an der Modifizierbarkeit und der Komparierbarkeit der Adjektive: **ich lege den Termin fester, ?ich streiche den Zaun sehr grün*. Dies sind alles Tests, die zeigen, wie eng Adjektiv und Verb zusammengehören. Von der Wortbildungsseite ist der Test: Gibt es eine Bildung, aus der rückgebildet werden kann oder könnte? *??Grünstreicher, ?Wachbrüller – Festlegung, Krankschreibung.* Damit lässt sich für die genannten Adjektiv-Verb-Verbindungen folgendes zusammenfassen: Häufig entwickeln Adjektive und Verben zusammen eine Valenz, sie sind syntaktisch nicht wirklich einzeln zu bestimmen.

Allerdings ist diese Valenz häufig damit beschrieben, dass die Verbindung ein Akkusativobjekt braucht, ganz im Sinne der Resultativkonstruktion. Die Konstruktion ,braucht‘ ein Akkusativobjekt insofern, als in der Resultativkonstruktion einem Objekt die vom Adjektiv bezeichnete Eigenschaft zugefügt wird, zum Beispiel *leer kaufen*. Einen ähnlichen Effekt haben wir bei *Pavarotti singt das Publikum aus dem Saal* (Zifonun u.a. 1997:1117). In diesem Sinn sind die Adjektive zum Teil zu modifizieren (*sie kauft den Laden fast leer, er lacht sich total tot*).

Wenn semantisch keine Resultativkonstruktion vorliegt, wie etwa bei *krankschreiben,* es aber ein entsprechendes Substantiv gibt, von dem rückgebildet werden dann, spricht alles für eine Rückbildung und dann eben für die Zusammenschreibung. Andere Wortbildungen könnten hier Reihenbildung und Univerbierung sein, sie sind aber ‚syntaxnäher', als Wortbildungen schwach. Wenn dann noch das Relationsprinzip greift, dann wird getrennt geschrieben – das Relationsprinzip gewinnt.

8.4 Adjektivkomposita

Bei den Adjektiv-Adjektiv-Verbindungen sind von der Struktur her zunächst beide Analysen möglich: Neben Wörtern wie *vollschlank* (‚dick') stehen Syntagmen wie *voll schlank* (‚sehr schlank'). Die unterschiedliche Akzentuierung der beiden Verbindungen ist eine Folge der Unterscheidung von Wort und Syntagma und keinesfalls die Ursache. In diesem Beispiel sind die Bedeutungen sehr verschieden, daher scheint es auch unabhängig von der Schreibung essentiell, die beiden unterscheiden zu können. Beide sind durch die Prinzipien gedeckt: In *vollschlank* handelt es sich um eine Wortbildung, in *voll schlank* ist *voll* Attribut zu *schlank.*

Die Unterschiede sind mitunter durchaus deutlich. Bei genauerem Hinsehen gibt es auch relativ wenig doppeldeutige Fälle, insbesondere wenn es sich bei dem zweiten Adjektiv nicht um ein Partizip handelt (dazu 8.5/8.6, S.75ff.). So sind die meisten Adjektiv-Adjektiv-Komposita **Kopulativkomposita**, also *süßsauer, blaurot* (in *blaurot gestreift*). Kopulativkomposita meint hier unter anderem, dass beide Eigenschaften gleichermaßen zutreffen (etwas ist süß und gleichzeitig sauer), die Glieder sind im Prinzip austauschbar (*blaurot – rotblau*), für Determinativkomposita gilt diese Austauschbarkeit nicht (*Haustür ≠ Türhaus*). Kopulativkomposita sind in der Bedeutung keine möglichen Syntagmen, denn eine blaurote Luftmatratze ist eine Luftmatratze, die blau und rot ist. Das heißt als Syntagma wäre es eher *eine blaue, rote Luftmatratze* als *?eine blau rote Luftmatratze* (wie *eine extrem/schön rote Luftmatratze*). Die Kopulativkomposita stehen hier also nicht in Konkurrenz.

Die Adjektiv-Adjektiv-Komposition scheint an sich relativ beschränkt zu sein. Determinativkomposita, wie sie für Substantive typisch sind, gibt es insbesondere bei den Adjektiv-Adjektiv-Komposita relativ wenig. Man kann die potentiellen Erstglieder, die solche Komposita bilden, auflisten. Typische Fälle sind *voll* und *halb*.

Nicht führt zu ähnlichen Doppeldeutigkeiten wie eben angeführt. *Nicht* ist von der Wortart ein Adverb, daher wird es hier extra behandelt. Es ist das einzige Adverb, das sich so verhält wie im folgenden beschrieben.

(4) a. sie singt nicht öffentlich   b. sie singt nichtöffentlich

In (4a) wird der gesamte Sachverhalt („sie singt öffentlich') negiert, man weiß nicht so genau, woran der Sachverhalt scheitert. In (4b) wird nur das Adjektiv negiert. Das heißt in (4b) singt sie zwar, aber nicht in der Öffentlichkeit, sie singt zum Beispiel nur unter der Dusche oder nur im privaten Rahmen. (4a) kann, aber muss nicht so interpretiert werden. In bestimmten Wortstellungen kann es hier zu Doppeldeutigkeiten kommen: *Öffentlich singt sie nicht.* Es entsteht keine Doppeldeutigkeit, wenn gleichzeitig indefinite Substantive auftreten: *sie singt keine Arien öffentlich – sie singt Arien nichtöffentlich, sie trinkt kein Bier öffentlich – sie trinkt Bier nichtöffentlich*; diese Regel gilt zumindest tendenziell. Bei zusätzlichen Erweiterungen besteht häufig nicht die Möglichkeit der Zusammenschreibung: *sie singt gar nicht öffentlich, sie singt nicht gerne öffentlich.*

Nicht ist ein Wortbildungselement. Es kann sich mit Adjektiven, Partizipien und Substantiven verbinden (*nichtöffentlich, nichtflektiert, Nichtmitglied*). Insbesondere in der Verbindung mit Substantiven ist es syntaktisch nicht zu analysieren, hier kann es nur Wortbildungselement sein: *Nichtmetall, Nichtmitglied, Nichtraucher.* In Verbindung mit Verben kann es hingegen keine Wörter bilden (*nicht essen – *nichtessen*), hier ist *nicht* im allgemeinen Adverbial. Wie so oft, stehen auch hier die Adjektive zwischen Substantiven und Verben: Sowohl eine syntaktische Analyse ist möglich in *die nicht (so) schönen Häuser* (*nicht* ist dann Attribut zu dem Adjektiv oder Adverbial zum Satz) als auch eine morphologische in *die nichtquadratischen Räume.* Die Unterschiede sind im wesentlichen von der Bedeutung her zu verstehen. So sind die Wörter ‚definierter': *ihre Erziehung war nichtchristlich* kann durchaus so verstanden werden, dass die Eltern ganz explizit darauf geachtet haben, nicht in einer christlichen Tradition erzogen zu haben, in *ihre Erziehung war nicht christlich* kann das Christentum für die Erziehung einfach belanglos sein, es war nicht wichtig.

8.5 Partizip-I-Verbindungen

Die Partizipien stehen grammatisch zwischen den Adjektiven und den Verbformen. Insbesondere das Partizip I verhält sich hier zwitterhaft. Es kommt ausschließlich attributiv (*die singenden Kinder*) und adverbial (*singend kam er um die Ecke*) vor, die syntaktischen Funktionen legen eine Interpretation als Adjektiv nahe. In die Nähe der Verben rückt es, weil es zum Beispiel bei den echt-reflexiven Verben das Reflexivpronomen nimmt (*die freuenden Kinder – die sich freuenden Kinder*). Außerdem bildet es keinen Komparativ (*die freuenderen Kinder*) und bildet seine Verneinung nicht mit *un-* (*die unfreuenden Kinder*), alles Eigenschaften, die es von prototypischen Adjektiven unterscheidet. Dies soll ausreichen, um den kategorialen Zwischenstatus von Partizipien I zu bestimmen. Mit seiner adjektivischen Eigenschaft kann es Komposita bilden (*entzündungshemmend*). Es kann aber auch verbale Ergänzungen mitbringen (*die die Entzündung (besonders effektiv) hemmende Salbe*) und Syntagmen bilden. In dem vorliegenden Fall ist die Unterscheidung zwischen Wort und Syntagma sehr deutlich: *entzündungshemmend* enthält ein Fugen-*s*, es muss ein Wort sein, denn *entzündungs* alleine ist gar nicht wortfähig. In *die die Entzündung hemmende Salbe* hat *Entzündung* einen Artikel, es ist als selbständiges Substantiv gekennzeichnet. Ebenso sind Fälle wie *die freudestrahlenden Kinder – die vor Freude strahlenden Kinder* deutlich, es ist aufgrund der Form jeweils nur eine Schreibung möglich.

Substantiv-Partizip-I-Verbindungen: Der doppeldeutige Bereich entsteht von der morphologischen Seite bei ‚alleinstehenden‘ Substantiven: Substantive im Plural, Stoffsubstantive (*Bücher, Mehl*). Von der syntaktischen Seite entsteht er, wenn die Ergänzung des entsprechenden Verbs ein Nominal ist, insbesondere ein Nominal im Akkusativ (*Bücher lesen, Mehl kaufen*). Bei anderen Ergänzungen wie zum Beispiel Präpositionalgruppen (*auf Peter warten*) entstehen keine Doppeldeutigkeiten.

(5)   a. die bücherlesenden Kinder – die Bücher lesenden Kinder
        b. die biertrinkenden Fans – die Bier trinkenden Fans

In diesen Fällen sollten grundsätzlich beide Schreibungen zugelassen werden. Sie sind beide ohne weiteres grammatisch zu verstehen: Die Wörter sind Komposita, die Syntagmen sind Partizipien mit ihren entsprechenden Ergänzungen.

In bestimmten Kontexten kann diese Variation eingeschränkt sein. So sind zum Beispiel *gewinnbringend* und *besitzergreifend* prädikativ möglich (*die Bücher sind gewinnbringend, seine Frau ist besitzergreifend*), die Partizipien alleine sind nicht prädikativ möglich: In *sie ist ergreifend* hat *ergreifend* eine andere Bedeutung, *sie sind bringend* ist ungrammatisch. Andererseits können die beiden Partizipien aber auch nicht mit anderen Ergänzungen zusammen wie *sie ist seinen Besitz ergreifend, *sie sind den Tee bringend* prädikativ verwendet werden. Wenn das Partizip I prädikativ nicht möglich ist, die Substantiv-Partizip-I-Verbindung aber prädikativ verwendet werden kann, so handelt es sich bei der Substantiv-Partizip-I-Verbindung um ein Kompositum.

Adjektiv-Partizip-I-Verbindungen: Auch bei Verbindungen von Adjektiven mit Partizipien I ist strukturell beides möglich: *die schön singenden Kinder, die schnell laufenden Mädchen, der hell leuchtende Stern, die hoch klingende Stimme.* Tendenziell sind hier jedoch Unterschiede zu finden, so sollte wohl *schönsingend* ausgeschlossen sein, *hellleuchtend* aber möglich sein.

Wie ist der Unterschied zu fassen? Mit Vogel (1997:410) können statische und dynamische Adjektive unterschieden werden: statische sind typischerweise ‚nominale‘ Adjektive, das heißt sie beziehen sich auf Substantive (*weiß, weich, sauer*), dynamische sind typischerweise ‚verbale‘ Adjektive, das heißt sie beziehen sich auf Vorgänge (*schnell, leise, schrill*). Folgende Tendenz kann dazu formuliert werden: ‚Nominale‘ Adjektive verbinden sich eher mit Partizipien I und bilden ein Kompositum, ‚verbale‘ Adjektive bilden mit dem Partizip I eher ein Syntagma und erhalten damit den verbaleren Charakter des Partizip I. Eine solche Analyse passt auf den ersten Blick zu dem Status des Partizip I im heutigen Deutsch.

Im prädikativen Kontext sind hier allerdings deutliche syntaktische Unterschiede zu machen. Wenn das Partizip I alleine nicht nach *sein* stehen kann, so ist ein entsprechendes Syntagma nicht analysierbar: *sie ist erziehend – *sie ist allein erziehend – sie ist alleinerziehend*, analog zu *besitzergreifend*.

Beide Prinzipien greifen bei den Adjektiv-Partizip-I-Verbindungen und geben häufig die Möglichkeit zu beiden Schreibungen, was dem System auch angemessen ist.

8.6 Partizip-II-Verbindungen

Bei den Partizipien II sind strukturell sehr viel weniger doppeldeutige Fälle zu erwarten. Das liegt daran, dass sie als Attribute ‚passivisch‘ sind, das heißt für die hier vorliegende Frage, dass sie kaum einen Akkusativ als Ergänzung mitbringen.

(6) a. die Bilder malenden Kinder – die bildermalenden Kinder
      b. die (von Kindern) gemalten Bilder
      c. die goldbemalte Vase – die mit Gold bemalte Vase
         die biergefüllten Gläser – die mit Bier gefüllten Gläser

Damit fallen eine ganze Reihe von doppeldeutigen Fällen strukturell weg. Das heißt natürlich nicht, dass es hier nicht sowohl Komposita als auch Syntagmen gibt. Sondern es heißt, dass der Unterschied sehr häufig an der Form erkannt werden kann.

(7) der Laden ist videoüberwacht, der Laden ist durch Video überwacht –
     der videoüberwachte Laden, der durch/von Video überwachte Laden

Bei den Adjektiv-Partizip-II-Verbindungen hingegen ist der Fall sehr viel komplizierter. Zum einen können nicht alle Partizipien II einfach adjektivisch verwendet werden, besonders deutlich wird dies an der attributiven Verwendung: *die gestrichene Wand – *die gefahrenen Studenten*. Außerdem ist die Verwendung mit *sein* (und die mit *werden*) ganz anders zu bewerten. In *das Kind ist gelaufen* handelt es sich in traditioneller Sicht um ein Perfekt (es heißt nicht **das Kind hat gelaufen*). In *die Haare sind gefärbt* ist das Partizip II ein Adjektiv, insgesamt handelt es sich um eine Kopulakonstruktion. Dementsprechend ist ausschließlich *das Kind ist schnell gelaufen* möglich, *schnell* ist syntaktisch selbständig, es ist Adverbial zu *ist gelaufen*. Hingegen scheinen bei *blondgefärbt* sowohl Getrennt- als auch Zusammenschreibung möglich: entweder *blond* ist Attribut zu *gefärbt* oder es ist insgesamt ein adjektivisches Kompositum.

Kompositionen aus Adjektiven und Partizipien II führen nach dem Wortbildungsprinzip zur Zusammenschreibung. Die Möglichkeit der syntaktischen Analyse führt nach dem Relationsprinzip zur Getrenntschreibung. Das heißt nicht, dass sie gleichbedeutend sind; insofern sind diese Fälle vergleichbar mit den Adjektiv-Partizip-I-Verbindungen (*hellklingend – hell klingend*) und den Adjektiv-Adjektiv-Verbindungen (*vollschlank – voll schlank*). Im Gegensatz zu den Adjektiv-Adjektiv-Verbindungen sind bei den Partizipien II sehr viel mehr Adjektive als Erstglieder zugelassen. Diesen Bereich kann man wirklich nur tendenziell regeln, die Prinzipien geben häufig beide Schreibungen her. Eine Tendenz ist die folgende: je ‚verbaler' das Adjektiv ist, zum Beispiel *schnell, leise, schrill* (nach Vogel 1997:410), desto weniger wird zusammengeschrieben. Strukturell zugelassen sind beide Schreibungen.

8.7 Komplexe und ‚gesättigte' Präpositionen

Im Zusammenhang mit Präpositionen sind zwei Fälle zu unterscheiden. Auf der einen Seite haben wir die komplexen Präpositionen wie *anhand, anstelle, aufgrund, infolge*, auf der anderen Seite Adverbien, die durch ‚Sättigung' einer Präposition entstanden sind, wie *zustande, infolgedessen, imstande*. Bei allen – bis auf *imstande* – könnte man anführen, dass die Artikel ‚fehlen', sie sind keine Präpositionalgruppen und damit nicht ohne weiteres syntaktisch zu analysieren. Weiterhin haben die entstehenden Präpositionen obligatorische Rektion; bei einer syntaktischen Analyse müsste auch *an Stelle* möglich sein, also ohne weiteren Genitiv. Dies scheint nicht ohne weiteres möglich, eine mögliche Konstruktion wäre *an seiner Stelle*. Als Substantiv regiert *Stelle* den Genitiv fakultativ und nicht obligatorisch. Analysiert man *anstelle* als Wort, so ist es insgesamt eine Präposition, eine obligatorische Kasusrektion ist dann kategorial gegeben: Präpositionen regieren Nominale. Auch syntaktisch handelt es sich um eine komplexe Präposition, die Zusammenschreibung ergibt sich damit.

Bei den genannten Adverbien ist eine solche Analyse viel problematischer. Bei einigen Fällen (wie *zustande*) führt der fehlende Artikel zu einer eingeschränkten syntaktischen Analysierbarkeit. Allerdings wird auch *imstande* mitunter zusammengeschrieben. Die Verschmelzung *im* führt ja zumindest dazu, dass kein weiterer Artikel hier steht, unabhängig davon, ob man die Verschmelzung selbst als ‚artikelhaltig' interpretiert (*im einen Stande). *Im Stande* ist syntaktisch zu analysieren. Von der Wortbildung her wäre dies eine Univerbierung mit einer Verschmelzung, was durchaus ungewöhnlich ist. Dass dies zumindest eine feststehende Verbindung ist, zeigt das altmodische Dativ-*e*, die Parallelität zu *zustande* ist deutlich. Ein ganz ähnlicher Fall ist, dass *zurzeit* häufig zusammengeschrieben wird, vgl. unten.

8.8 Stärke der Prinzipien

Ich habe bei den einzelnen Fällen beide Prinzipien angewandt. Zu Beginn habe ich die ‚Stärke' der Prinzipien angesprochen. In der Grundidee meint das folgendes: Im Wortbildungsprinzip sind verschiedene Wortbildungen zusammengefasst (nach Jacobs 2005): Affigierung, Komposition, Univerbierung und Rückbildung. Nun können Affigierung und Komposition als typische Wortbildungen für das Deutsche gelten, Univerbierung und Rückbildung als weniger typische oder untypische Wortbildungen. Als Beispiele erläutere ich *biertrinken: *Biertrinken* wäre eine denkbare Rückbildung, zum Beispiel von *Biertrinker*, sie wird aber nicht gemacht. Die Begründung dafür ist: zwischen *Bier* und *trinken* besteht eine syntaktische Beziehung.

Die Wortbildungsart wirkt unterschiedlich stark: Eine Komposition ist unumstößlich ein Wort, eine Rückbildung oder Univerbierung wird nur als solche analysiert, wenn das Relationsprinzip nicht greift. Daher wird *biertrinken* nicht zu einem Wort rückgebildet, *brustschwimmen* hingegen schon.

Die stärksten Relationen, die sich in der Grammatik finden, sind die vom Verb zum Objekt und zum Subjekt. Das sind die Grundprinzipien der Syntax schlechthin. Andere Relationen sind ‚schwächer'. Dazu als Beispiel die Univerbierung von Präpositionalgruppen zu Adverbien: So werden mitunter *imstande* und *zurzeit* zusammengeschrieben, obwohl sie syntaktisch vollständig sind und auch zu analysieren. In einer syntaktischen Analyse wird *zur Zeit* als Präpositionalgruppe analysiert, die in den meisten Fällen Adverbial sein dürfte. Ein Wort *zurzeit* wird als Adverb analysiert – hier unterscheiden sich die Konstruktionen deutlich. Das Adverb dürfte aber auch in den meisten Fällen Adverbial sein. Insofern ändert sich für den gesamten Satz wenig. Wenn hingegen ein Objekt nicht als Objekt analysiert wird, so ist das in einer verbbezogenen Grammatik eine Katastrophe. Die unterschiedlichen Relationen sind unterschiedlich stark.

Bei beiden Prinzipien habe ich Beispiele dafür genannt, wo ‚Stärke' sichtbar wird. Das kann dazu führen, dass manchmal das eine Prinzip und manchmal das andere Prinzip die Oberhand gewinnt. Da die Stärke aber benannt werden kann, ist die jeweilige Ordnung der Prinzipien im konkreten Fall deutlich, die Prinzipien sind keineswegs beliebig geordnet.

8.9 Zusammenfassung

Es wurden die typischen Zweifelsfälle analysiert. Die Darstellung der Getrennt- und Zusammenschreibung ist schwierig zu erfassen, aber sie ist zu erfassen. Ebenso wie im Kernbereich, so wirken auch bei den Zweifelsfällen sowohl das Wortbildungsprinzip als auch das Relationsprinzip. Typischerweise führen die beiden Prinzipien entweder in den Zweifelsfällen zu unterschiedlichen Schreibungen oder sie sind nicht ohne weiteres anzuwenden. Hier hilft nun die Stärke der Prinzipien. Handelt es sich um typische Wortbildungen oder nicht? Ist die syntaktische Relation eine strukturell entscheidende oder nicht?

Auch bei der Erfassung der Getrennt- und Zusammenschreibung muss immer wieder bedacht werden, was eigentlich schwierig ist. Ist die Regel schwierig zu erfassen oder ist die Sache an sich schwierig? Es hat sich gezeigt, dass sich die Zweifel mit der Getrennt- und Zusammenschreibung in Grenzen hielten, mit der ersten Rechtschreibreform sind sie allerdings explodiert (vgl. Seelig 2002). In den Aufgaben 2 und 3 im 7. Kapitel (S.62) wurden triviale Fälle genannt, also Fälle, in denen man wohl überhaupt keine Probleme hat, zu entscheiden, ob getrennt oder zusammengeschrieben wird. Wenn man sich allerdings klar macht, was an grammatischem Wissen nötig ist, um diese Fälle halbwegs adäquat beschreiben zu können, so ahnt man, warum die Getrennt- und Zusammenschreibung im Prinzip beherrscht werden konnte, sie war intuitiv beherrschbar.

Aufgaben

1. Suchen Sie Sätze, in denen *heran, herauf, empor, entzwei, hindurch, nieder* vorkommen. Kommentieren Sie jeweils die syntaktische Funktion.

2. Beschreiben Sie das Beispiel *Pavarotti singt das Publikum aus dem Saal* und vergleichen sie es mit *Pavarotti singt sich heiser, Pavarotti singt das Publikum müde.*

3. Überprüfen Sie die Adjektiv-Verb-Verbindungen analog zu den Substantiv-Verb-Verbindungen. Prüfen Sie die Kombinierbarkeit der Verben mit anderen Adjektiven und die Kombinierbarkeit der Adjektive mit anderen Verben. Überprüfen Sie außerdem die Vorfeldfähigkeit, die Klammerbildung und die Modifizierbarkeit mit *sehr*.

4. Prüfen Sie für die folgenden Beispiele die Valenz, die Klammerbildung, die Vorfeldfähigkeit und überlegen Sie jeweils, ob es eine Wortbildung dazu gibt, von der die Verbindung eine Rückbildung sein könnte. Stellen Sie aufgrund der genannten sprachlichen Tests Empfehlungen für die Getrennt- und Zusammenschreibung auf: (i) *glücklich machen, bekanntmachen, fertig machen, fertigmachen*, (ii) *warm stellen, zufriedenstellen, klarstellen, freistellen*

Weiterführende Literatur
Eisenberg (2006a); Fuhrhop (2007); Gallmann (1999); Günther (1997); Jacobs (2005); Lüdeling (2001); Maas (1992).

9. Interpunktion

Im folgenden geht es um den Teil der Interpunktion, der syntaktisch beschrieben werden kann, die so genannten Satzzeichen: Punkt, Doppelpunkt, Semikolon und das Komma. Ausrufe- und Fragezeichen können auch den Satz beenden, es ist aber nicht ihre primäre Funktion. Nach dem Punkt, dem Ausrufezeichen und dem Fragezeichen als Satzzeichen wird jeweils groß geschrieben, nach dem Komma und Semikolon klein; lediglich nach dem **Doppelpunkt** gibt es grundsätzlich beide Schreibungen. Folgt dem Doppelpunkt ein unvollständiger Satz, so wird klein geschrieben. Nach der Neuregelung beginnen vollständige Sätze nach dem Doppelpunkt immer mit einem Großbuchstaben. Von allen Satzzeichen ist das Komma das schwierigste, es bereitet in der Schreibung die meisten Probleme. Grundsätzlich gibt es im Bereich der Interpunktion auch stilistische Freiheiten. Es mag umstritten sein, wem diese stilistischen Freiheiten gewährt sind – der Dichtung wird sie gewährt, die Werbung nimmt sie sich. Schüler haben die Freiheiten in den meisten Fällen nicht. Kurzum, es geht darum, dass auch Aneinanderreihungen einzelner Wörter – ohne jeglichen Satzstatus – durch Punkte (oder andere Satzzeichen) als ,Sätze' gekennzeichnet werden können: *Er wartete lange. Unendlich lange.* Entsprechend gibt es auch die Möglichkeit, Frage- und Ausrufezeichen innerhalb des Satzes zu setzen: *Der neue Lehrer – Herr Müller? – macht einen guten Eindruck.* Solche Gebrauchsweisen kann Bredel (2008) in ihrem Gesamtsystem der Interpunktion erfassen, das am Schluss dieses Kapitels (9.8) kurz angerissen wird.

Ein **Punkt** wird gesetzt, um anzuzeigen, dass ein Satz zuende ist. Danach folgt Großschreibung am Beginn des neuen Satzes. Es scheint intuitiv relativ klar zu sein, was ein Satz ist. Das ist insofern besonders erstaunlich, weil eine derartige Bestimmung grammatisch gar nicht so einfach ist. Die folgende Ausführung sollte daher auch nicht syntaxtheoretisch verstanden werden, sondern vielmehr als eine Beschreibung dessen, wie Sätze graphematisch bestimmt werden. Damit geht es um einen graphematischen Satz. Dies ist analog zu sehen zum graphematischen Wort, vgl. S.53f. So ist

81

anfangen zwar graphematisch ein Wort, ob es auch morphologisch eines ist, ist umstritten. Auch hier sieht man, dass die Graphematik häufig keine ‚halben' Lösungen akzeptiert: Entweder handelt es sich graphematisch um einen Satz und dieser endet mit einem Punkt oder eben nicht; einen halben Punkt hat das Deutsche in stilistischer Hinsicht mit dem Semikolon, aber auch dies steht zwischen grammatischen vollständigen Sätzen.

Grammatisch ist ein Satz über das Verb zu bestimmen. Verben verlangen bestimmte Ergänzungen und wenn diese Ergänzungen vorhanden sind, so handelt es sich um einen (Minimal-)Satz. Dies ist eine sehr verkürzte und vereinfachte Sicht. Aber für die Grundvorstellung ist es genau die richtige: Zum Beispiel regiert *kaufen* zumindest einen Nominativ und einen Akkusativ. Sind beide vorhanden, so handelt es sich um einen grammatischen Satz: *Luise kauft einen Lutscher*. Ganz analog regiert *wollen* in einer möglichen Struktur einen Nominativ und einen Infinitiv und so ist *Luise will tanzen* ebenfalls ein grammatischer Satz. Hinzu können zum Beispiel freie Angaben, Attribute usw. kommen. Die obligatorische Verbvalenz gibt den ‚Minimalsatz' wieder. Vollständige Sätze werden im allgemeinen durch Punkte voneinander abgegrenzt.

Ob ein **Semikolon** gesetzt wird, ist eine inhaltliche Frage. Ein Semikolon trennt häufig Sätze voneinander und hat damit die gleiche grammatische Funktion wie der Punkt. Ein Semikolon kann auch benutzt werden als ‚stärkeres' Komma wie in *Unser Proviant bestand aus gedörrtem Fleisch, Speck und Rauchschinken; Ei- und Milchpulver; Reis, Nudeln und Grieß* (Amtliche Regeln, §80/2), ist hier aber optional. **Ausrufezeichen** werden aus pragmatischen Gründen gesetzt. **Fragezeichen** hängen zum Teil mit der Wortstellung zusammen (*bist du heute zu spät gekommen?*), zum Teil mit dem gleichzeitigen Auftreten von Fragepronomen (*wo kommst du her?*), zum Teil werden sie aber auch aus pragmatischen Gründen gesetzt (*Emil hat Talent?*).

Im folgenden wird das **Komma** ausführlicher beschrieben, es ist das schwierigste Satzzeichen. Die Amtlichen Regeln (2006) enthalten 9 Kommaregeln mit zum Teil sehr ausführlichen Erläuterungen; der letzte Duden vor der Rechtschreibreform (1991) enthielt 38 Kommaregeln, zusammengefasst in fünf Bereiche. Die anderen Satzzeichen werden in einer oder zwei Regeln in den Amtlichen Regeln thematisiert. Heißt das, dass es mehrere Kommas gibt? Also mehrere Satzzeichen, die zufällig die gleiche Form haben? Primus (1993 & i.V.) hat eine Kommaregel formuliert, die in zwei Unterpunkten spezifiziert ist. Es ist sicherlich das Verdienst von Primus

(1993), Zusammenhänge zwischen scheinbar unterschiedlichen Konstruktionen herausgefunden zu haben. Im folgenden zitiere ich Primus' Regel von (1993:246) als grundlegende Arbeit, die von Primus (i.V.) weiterentwickelt wurde.

> Ein Komma zwischen einem einfachen oder komplexen Ausdruck A und einem einfachen oder komplexen Ausdruck B ist regulär gdw. (a) und (b) oder (a) und (c) gelten:
>
> (a) Es gibt einen Satzknoten, der A und B dominiert.
> (b) Zwischen A und B interveniert eine syntaktische oder semantische Satzgrenze.
> (c) A und B sind koordiniert, und die Koordination ist nicht durch eine echte koordinierende Konjunktion gekennzeichnet.
>
> Primus (1993:246)

Die Regel wird hier zunächst grob erläutert und in den einzelnen Abschnitten dann ausführlicher.

Die in (a) formulierte, erste Bedingung muss für jedes Komma erfüllt sein. Sie besagt, dass das Komma nur innerhalb eines Satzes gesetzt werden kann, aber nicht über den Satz hinweg. Graphematisch formuliert könnte es heißen: Ein graphematischer Satz ist die Einheit, die einen Satzanfang und ein Satzende hat; der Satzanfang wird durch Satzanfangsgroßschreibung gekennzeichnet, das Satzende durch ein Satzschlusszeichen. Das typische Satzschlusszeichen ist ein Punkt; unter bestimmten Umständen kann es aber auch ein Fragezeichen, ein Ausrufezeichen oder ein Semikolon sein. Diese Satzgrenze nenne ich im folgenden externe Satzgrenze – sie begrenzt den zur Rede stehenden Satz nach außen.

Die zweite Bedingung (b) umfasst die Fälle, die einen Großteil der Kommaregeln ausmachen. Eine syntaktische oder semantische Satzgrenze löst eine Kommasetzung aus: Es handelt sich dabei um eine interne Satzgrenze. Sie werden auf den folgenden Seiten unter den Überschriften syntaktisch eingebettete Sätze, Adverbialsätze, Infinitiv- und Partizipialgruppen, Parenthesen und Herausstellungen behandelt. Bei der Kommasetzung kann es an konkreten Stellen Konkurrenzen zu anderen Satzzeichen geben: Ist es eine interne Satzgrenze (Komma) oder ein externe (Punkt)?

Die dritte Bedingung behandelt koordinierte Ausdrücke ohne Koordinationswort, das heißt, das Komma ‚ersetzt‘ gewissermaßen die koordinierende Konjunktion. Dieses Komma wird unter ‚Aufzählungen‘ (S.90) behandelt, wie zum Beispiel *Tina, Rebecca und Franziska kommen zum Lesezirkel* ebenso wie *es gibt Tee oder Kaffee.*

Zunächst müssen also die internen Satzgrenzen beschrieben werden, und zwar so, dass klar wird, wann erstens ein Komma und kein anderes Zeichen gesetzt wird und zweitens warum ein Komma und nicht kein Satzzeichen stehen kann. So formuliert Dürscheid (2006:155ff.) ausschließlich zwei Kommanichtsetzungsregeln; diese gehen auf das Problem ein, dass ab einer bestimmten Satzgliedlänge eine Kommasetzungstendenz festzustellen ist. Didaktisch ist es sicherlich sinnvoll und bedenkenswert, die Kommanichtsetzung zu thematisieren; im vorliegenden Text wird zunächst versucht, das System der positiven Kommasetzung zu verstehen.

Grundsätzlich ist noch folgendes zu betonen: In diesem Buch wird das Schreiben und nicht das Lesen in den Vordergrund gestellt. Das heißt aber keineswegs, dass die Richtung nicht auch umzukehren wäre. Und so möchte ich es auch hier verstanden wissen: Die Satzzeichen sind für den Leser Interpretationshilfen, um zum Beispiel Strukturen zu erkennen. Daraus folgt, dass der Schreiber wissen muss, welche Strukturen er durch welche Satzzeichen kodiert.

9.1 Syntaktisch eingebettete Sätze

Sätze können syntaktisch eingebettet sein. Typisch ist dies für Nebensätze. Zunächst werden Nebensätze behandelt und anschließend werden Verbzweitsatzkonstruktionen thematisiert, die die gleichen syntaktischen Funktionen erfüllen können wie Nebensätze. Nebensätze treten in verschiedenen Konstruktionen auf. Typischerweise sind Nebensätze vollständige Sätze, aber erstens als solche Teile von Sätzen und zweitens werden sie mit einer Konjunktion eingeleitet und weisen damit zusammenhängend Verbletztstellung auf. Die Nebensätze können nach ihren syntaktischen Funktionen unterschieden werden, so sind sie einerseits selbst Satzglieder oder sie sind Attribute.

Nebensätze, insbesondere Sätze mit einleitenden Konjunktionen wie *dass*, erfüllen meistens eine syntaktische Funktion in einem übergeordneten Satz. Sie sind häufig **Subjekte** oder **Objekte**. So ist zum Beispiel in *dass sie die Klausur besteht, freut ihn* der *dass*-Satz Subjekt zu *freut*. *Freut ihn* allein ist kein Satz, ihm fehlt das Subjekt. Ähnlich können *dass*-Sätze auch Objekt sein *ich hoffe, dass sie die Klausur besteht*. Die *dass*-Sätze selbst sind dabei jeweils vollständige Sätze, das heißt sie sind intern abgeschlossen, das Komma markiert die interne Satzgrenze. Ein Punkt wäre nicht angemessen, weil die *dass*-Sätze eine syntaktische Funktion innerhalb der größeren Einheit erfüllen; der andere Teil des Satzes (*freut ihn*) ist selbst kein Satz. Häufig ist zwar der Matrixsatz kein vollständiger Satz (**Rebecca sagt*); er kann aber ein vollständiger Satz sein (*Rebecca denkt*), wenn auch mit einer anderen Verbbedeutung (*Rebecca denkt, dass sie zu schnell redet*). Die formalen Besonderheiten von Nebensätzen (einleitende Konjunktion und Verbletztstellung) sind Hinweise darauf, dass sie eher intern und nicht extern begrenzt sind.

Die typischen **Attributsätze** sind *dass*-Sätze und **Relativsätze**. Relativsätze sind fast immer Attributsätze, *dass*-Sätze (und *ob*-Sätze) sind nur dann Attributsätze, wenn sie sich auf ein Nominal beziehen. Der Unterschied ist für die Kommasetzung eigentlich unerheblich: (Vollständige) Nebensätze sind intern abgegrenzt.

(1) a. Die Erwartung, dass sie das Problem lösen wird, ist groß.
     b. Die Puppe, die sie zum Geburtstag bekommen hat, mag sie sehr.

Häufig sind Attributsätze insgesamt eingeschoben (wie in den Beispielen), es ergeben sich Grenzen in beide Richtungen, gekennzeichnet durch Kommas.

In den Beispielen bisher hatten die eingebetteten Sätze die Form von Nebensätzen, unabhängig von der syntaktischen Funktion. Nun gibt es auch nicht-eingebettete Nebensätze, zum Beispiel *Die Mutter rief: „Dass du mir nicht über die Straße läufst."* Daher hilft die syntaktische Funktion schon, das Komma zu verstehen. Außerdem haben nicht alle Sätze, die Subjekte, Objekte und Attribute sind, die Form von Nebensätzen. So können auch Verbzweitsätze die genannten Funktionen übernehmen.

(2) Niklas sagt, er liest/lese langsam; die Hoffnung, sie werde die Arbeit schreiben können, trieb sie mächtig an usw.

Die eingebetteten Sätze in den Beispielen sind vollständige Hauptsätze. Sie haben Verbzweitstellung und werden nicht durch eine (subordinierende) Konjunktion eingeleitet. Dass sie intern und nicht extern begrenzt sind, liegt an der syntaktischen Einbettung mit ihrer syntaktischen Funktion.

Theoretisch können auch Fälle konstruiert werden, in denen sowohl die eine als auch die andere Interpretation möglich ist; die Satzzeichensetzung drückt dann genau die unterschiedliche Struktur aus: *Leo denkt, er ist mein Held.* vs. *Leo denkt. Er ist mein Held.* Während bei Subjekt- und Objektsätzen die syntaktische Einbettung durch die Verbvalenz gesichert ist, ist dies bei Attributsätzen nicht der Fall: Attribute sind immer fakultativ. Kann man sicherstellen, dass (attributive) Verbzweitsätze als eingebettet erkannt werden? Häufig sind Attributsätze insgesamt eingeschoben: *der Gedanke, er könne den Prozess doch gewinnen, ließ ihn nicht los*. Bei Nicht-Eingeschobenheit ist das Attribut schwerer als solches zu erkennen: *??der Gedanke ließ ihn nicht los, er könne den Prozess doch gewinnen*. Die Nachstellung von Attributen geschieht im allgemeinen mit (formal eindeutigen) Nebensätzen: *der Gedanke ließ ihn nicht los, dass er den Prozess doch gewinnen könne*. Steht das Bezugssubstantiv direkt vor dem Attribut, scheinen Verbzweitsätze besser: *Ihn trieb der Gedanke, er könne den Prozess gewinnen*.

9.2 Adverbialsätze

Sätze kommen auch in **adverbialer** Funktion vor, zum Beispiel eingeleitet durch *weil: Er arbeitet, weil es ihm Spaß macht*. Der Satz, auf den sich das Adverbial bezieht, ist dabei im allgemeinen vollständig; der Adverbialsatz ist nicht in den Satz eingebunden, er ist selbst eine freie Angabe und dem Satz, auf den er sich bezieht, nebengeordnet; daher ist ein gemeinsamer übergeordneter Satzknoten möglich. Das Komma trennt hier zwei vollständige Sätze voneinander. Typische Konjunktionen, die solche Sätze einleiten, sind *weil, indem, bevor*; diese Konjunktionen sind eine Möglichkeit, um zu zeigen, dass es sich um einen Adverbialsatz handelt und nicht einfach um die Verbindung zweier Sätze. Eine weitere Möglichkeit zur eindeutigen Kennzeichnung scheint eine markierte Wortstellung zu sein. So ist der Satz *Stürzt der Computer ab, ärgert sich Jörg* konditional gemeint („wenn der Computer abstürzt,…'), so auch Eisenberg (2006b:342). Die These ist also: Adverbialsätze sind formal markiert, um die Einordnung unter den gemeinsamen Satzknoten zu kennzeichnen.

Bisher kann das Komma gut verstanden werden: Es dient dazu, Sätze zu kennzeichnen, die in einem übergeordneten Satz eine syntaktische Funktion (Subjekt, Objekt, Attribut, Adverbial) übernehmen. Damit unterscheidet sich das Komma grundsätzlich vom Punkt, der zwischen syntaktisch autonomen Sätzen steht.

9.3 Infinitive, Infinitivgruppen, Partizipialgruppen

Die Einheiten, die bis hierher interne Satzgrenzen auslösen, sind grammatisch vollständige Sätze, es handelt sich um die in Primus'

Regel genannten syntaktischen Grenzen. Im folgenden wird erläutert, warum und wann Infinitivgruppen und Partizipialgruppe als satzwertig interpretiert werden und daher semantische Satzgrenzen auslösen können.

Bei den Infinitiven und Infinitivgruppen steht das Verb im Infinitiv, das heißt es flektiert nicht nach Person und Numerus. Damit hängt zusammen, dass Infinitive kein Subjekt haben. Ansonsten nehmen die Verben in Infinitivgruppen alle Ergänzungen, die die entsprechenden Verben auch sonst nehmen. Daher sind sie satzähnlich. Die Infinitive und Infinitivgruppen können wie die Nebensätze unterschiedliche syntaktische Funktionen einnehmen. Sie können Verbergänzungen, Attribute und Adverbiale sein.

Infinitivgruppen werden im allgemeinen durch Kommas abgetrennt, zunächst einmal unabhängig von der syntaktischen Funktion.

Als Verbergänzungen können Infinitivgruppen zum Teil mit Nebensätzen paraphrasiert werden: *Maria hofft, die Klausur zu bestehen.* Eine vergleichbare Konstruktion mit einem Nebensatz ist *Maria hofft, dass sie die Klausur besteht.* In der Konstruktion mit dem Nebensatz sind beide Verben (vom Nebensatz und vom Matrixsatz) vollständig flektiert und sie haben beide ein Subjekt: *Maria* ist Subjekt zu *hoffen, sie* ist Subjekt zu *besteht.* Im Satz mit der Infinitivgruppe bleibt *bestehen* infinit und hat kein grammatisches Subjekt. Allerdings dürfte klar sein, wer Handlungsträger von *zu bestehen* ist, nämlich Maria. Häufig wird die Beziehung ‚indirektes Subjekt‘ genannt (ein in der Bedeutung gedachtes Subjekt, das meistens dem Subjekt oder Objekt des Matrixsatzes entspricht). Infinitivgruppen sind so gesehen zwar syntaktisch unvollständige Sätze, das Verb bringt seine gesamten Ergänzungen mit, mit Ausnahme des Subjektes. Da das Subjekt aber in dem gesamten Satz genannt wird, sind sie ‚semantisch vollständig‘.

Ein interessanter Fall für die Kommasetzung ist der einfache *zu-*Infinitiv: *sie glaubt zu träumen, sie hofft zu bestehen.* Der *zu-*Infinitiv verhält sich in mancher Hinsicht wie eine Wortform, das *zu* ist vergleichbar mit dem Partizippräfix *ge-*, auch wenn das *zu* getrennt geschrieben wird. Aber im Vergleich von *angefangen* und *anzufangen* und nicht *zu anfangen verhalten sich die Formen analog. Der *zu-*Infinitiv verhält sich also wie eine Form; bei alleinigem Auftreten braucht kein Komma gesetzt zu werden (Amtliche Regeln §75; E2). Hier wird ein kategorialer Unterschied gemacht, wo möglicherweise keiner ist. Denn syntaktisch ist in *Maria glaubt zu träumen* der Infinitiv *zu träumen* genauso eine Verbergänzung zu *glauben* wie in *Maria glaubt, von ihrem*

Großvater zu träumen die Infinitivgruppe *von ihrem Großvater zu träumen.* Das heißt: Wenn die ‚satzartige‘ Konstruktion aus nur einer Form besteht, wird hier auf das Komma verzichtet. Die Ergänzung ist einfach und wird entsprechend einfach behandelt.

Bei den Infinitivgruppen findet sich noch ein weiterer wesentlicher Unterschied, der syntaktisch gründlich behandelt wurde und der hier im Zusammenhang mit der Kommasetzung erläutert werden soll. Viele Infinitive können kohärent oder inkohärent konstruieren, in Beispiel (3) ist dieser Unterschied anhand der Wortstellung im Nebensatz gezeigt.

(3) a. Jan hofft, das Masterstudium in drei Semestern zu absolvieren.
     b. Jan sagt, dass er das Masterstudium in drei Semestern zu absolvieren hofft.
     c. Jan sagt, dass er hofft, das Masterstudium in drei Semestern zu absolvieren.

In (3b) steht das finite Verb am Schluss, die gesamte Infinitivkonstruktion ist eingeschlossen im Nebensatz zwischen der Konjunktion *dass* und dem finiten Verb *hofft* (kohärente Konstruktion). In (3c) ist die Infinitivgruppe exponiert (inkohärente Konstruktion). Der Unterschied kann sich in der Kommasetzung niederschlagen, wie in den Beispielen in (3): In (3b) induziert die Infinitivgruppe keine Satzgrenze, in (3c) schon. Hier ist zu sehen, dass die Satzgrenze nicht allein von der Infinitivgruppe abhängt, diese hat in beiden Fällen die gleiche Form. Die Satzgrenze hängt von der gesamten Konstruktion ab, in (3b) ist die Infinitivgruppe im Nebensatz vollständig eingeschlossen, in (3c) ist sie herausgestellt.

So ist bei den Verben, die Eisenberg (2006b:363ff.) als Halbmodalverben und die generative Grammatik als Anhebungsverben bezeichnet, die inkohärente Konstruktion gar nicht möglich.

(4) a. Der Schrank scheint zu kippen.
     b. Der Schrank droht zu kippen.
     c. Maria pflegt zu trödeln.
     d. Das Essen verspricht zu gelingen.

In der Halbmodalvariante konstruieren sie ausschließlich kohärent:

(5) a. dass der Schrank zu kippen droht/*dass er droht zu kippen
     b. dass Maria zu trödeln pflegt/*dass sie pflegt zu trödeln
     c. dass das Essen zu gelingen verspricht/*dass es verspricht zu gelingen

Der Infinitiv ist nicht herausstellbar. Kohärenz kann hier so verstanden werden, dass der *zu*-Infinitiv und das regierende Verb besonders eng zusammengehören.

Inkohärenz wird im allgemeinen mit der Satzwertigkeit des Infinitivs in Verbindung gebracht, Kohärenz entsprechend mit der Nicht-Satzwertigkeit. Die unterschiedliche Kommasetzung drückt diesen Sachverhalt aus.

Die Kohärenz hilft auch, den obigen Unterschied (*sie hofft (,die Klausur) zu bestehen*) zu verstehen, in dem der einfache *zu*-Infinitiv nicht durch Komma abgetrennt wird, wohl aber der ergänzte *zu*-Infinitiv. Der einfache Infinitiv wird in den meisten Fällen kohärent konstruiert, auch wenn inkohärente Konstruktion möglich ist. *Dass Maria zu bestehen hofft* erscheint stilistisch unauffälliger als *dass Maria hofft zu bestehen*, wenn aber weitere Ergänzungen hinzukommen ist die Herausstellung unauffällig: *dass Maria hofft, die Klausur der Einführungsvorlesung zu bestehen*. Nach den Amtlichen Regeln (2006: §75,3) ist ein Komma zu setzen, wenn der Infinitiv von einem Bezugswort abhängt: *Maria hofft darauf, die Klausur zu bestehen*. Die satzinterne Grenze wird besonders deutlich. Dies ist aber schon ein Übergangsbereich zu den so genannten Herausstellungen, S.92.

Die Infinitivkonstruktionen mit *um zu, anstatt zu* (oder *statt zu*) und *ohne zu* sind **adverbiale Infinitive**. Diese sind keine Ergänzungen des Verbs, sondern es sind freie Angaben. Auch in dieser Infinitivkonstruktion können alle Ergänzungen des eingebetteten Verbs auftreten, bis auf das Subjekt:

(7) a. er spart, um ein Buch zu schreiben
     b. er spart, um ein Buch schreiben zu können
     c. er spart, um endlich das Buch, an dem er schon lange gedanklich arbeitet, schreiben zu können

Eisenberg (2006b:371f.) bezeichnet *um, (an)statt, ohne* als besondere Konjunktionen, die im Gegensatz zu anderen Konjunktionen wie *dass* und *weil* keine Sätze, sondern Infinitivkonstruktionen einleiten. Die Konjunktion reicht an dieser Stelle schon aus, um das Komma plausibel zu machen. Eine Besonderheit gibt es bei den adverbialen Infinitiven, hier wird sogar der einfache Infinitiv abgetrennt: *er kommt, zu helfen* (nach Eisenberg 1979), als Kurzform von *er kommt, um zu helfen*. So wird der adverbiale Infinitiv von den anderen Infinitiven unterschieden.

Infinitive können auch **Attribute** sein, insbesondere Attribute zu Substantiven: *die Hoffnung zu bestehen, die Hoffnung, möglichst gut zu bestehen, der Wunsch, bald wieder zu verreisen*. Im Prinzip gilt hier wiederum die Tendenz wie bei den verbregierten Infinitiven: Der einfache *zu*-Infinitiv steht ohne Komma, sobald eine vom *zu*-Infinitiv regierte Einheit hinzukommt, wird die Infinitivkonstruktion durch ein Komma abgetrennt.

Auch **Partizipialgruppen** können durch Kommas abgetrennt werden: *Vom Publikum angefeuert, hielt Anke den Marathon durch.* Sie können analog zu den Infinitivgruppen beschrieben werden. So können sie als satzwertig interpretiert werden. Das Partizip II kann als ‚passivisch' betrachtet werden; passivische Konstruktionen haben ein besonderes Verhältnis zum Subjekt. Besonders deutlich wird dies beim unpersönlichen Passiv (*hier wird gearbeitet*), einer der wenigen Fälle, in denen Sätze im Deutschen ohne Subjekt auskommen.

Was liegt aber in dem vorliegenden Beispiel vor? Es geht um den Sachverhalt, dass Anke angefeuert wird, und zwar vom Publikum. Entsprechend kann *Anke* als indirektes Subjekt zu *angefeuert* gelesen werden. Diese Interpretation ist syntaktisch gewagt; um das Komma an dieser Stelle zu verstehen, ist die Analogie aber hilfreich. Das Komma ist an diesen Stellen optional. Bisher haben wir die Fälle erläutert, in denen das Komma dazu dient, Sätze oder satzartige Konstruktionen abzutrennen.

9.4   Das Komma bei Aufzählungen verschiedener Art

Im folgenden geht es um die Koordinationsbedingung bei Primus: Zwei (oder mehr) Einheiten sind koordiniert und „die Koordination ist nicht durch eine echte koordinierende Konjunktion gekennzeichnet" (Primus 1993: 246). Bei Koordination erfüllen alle in der Aufzählung vorkommenden Glieder im Prinzip die gleiche syntaktische Funktion.

(8)   a. Er kam, sah und siegte.
      b. Die Frauen, Männer und Kinder amüsierten sich großartig.
      c. Die Frau, der Mann, das Kind ??amüsiert sich/??amüsieren sich.
      d. das neue, preiswerte Buch
      e. die gute französische Küche

So könnte *kam* in (8a) auch alleine das Prädikat zum Satz sein (ebenso natürlich *sah* und *siegte*). In (8b) könnte *die Frauen* alleiniges Subjekt sein. In (8c) ist die Kongruenz nicht klar: Muss das Verb im Singular oder im Plural stehen? Daran sieht man, dass hier zumindest an einer Stelle Koordination durch ein entsprechendes Wort deutlich gemacht werden muss (*die Frau, der Mann und das Kind*). Wenn das Komma eine Alternative der Satzglieder darstellt, dann müsste das Prädikat im Singular stehen. Dann wäre aber die (naheliegende) koordinierende Lesart ausgeschlossen. Der Unterschied zwischen (8d) und (8e) ist der folgende: In (8d) ist sowohl *neue* als auch *preiswerte* Attribut zu *Buch*. In (8e) ist *französische* Attribut zu *Küche*, *gute* ist Attribut zu der Nominalgruppe *französische Küche*.

Das Aufzählungskomma ist damit über die syntaktische Funktion zu bestimmen: Erfüllen zwei Glieder die gleiche syntaktische Funktion, dann steht ein Komma, wenn die Koordination nicht durch eine ‚echte koordinierende Konjunktion' gekennzeichnet ist (Primus' 3. Bedingung (c)). Erfüllen zwei Glieder nicht die gleiche syntaktische Funktion, so steht kein Komma. Um zum Beispiel den Unterschied zwischen (8d) und (e) darzustellen, ist ein Test mit *und* angemessen: *Die gute französische Küche* sowie *die gute und französische Küche* bedeuten nicht das Gleiche. Im Gegensatz dazu sind *das preiswerte, neue Buch* sowie *das preiswerte und neue Buch* in der Bedeutung zumindest sehr ähnlich.

Die nächste Frage, die wir dann stellen müssen, ist, was eine echte koordinierende Konjunktion ist. Steht *und* in der Aufzählung, wird kein Komma gesetzt. Es gibt aber noch andere ‚Satzglied'-Konjunktionen, also Konjunktionen, die keine Sätze, sondern Satzglieder einleiten, im weiteren Sinne auch aufzählenden Charakter haben: *aber* und *sondern*. Vor diesen wird ein Komma gesetzt, auch wenn sie zwischen zwei Satzgliedern mit dem gleichen Status stehen. Im Prinzip gilt, dass *und* und *oder* kein Komma verlangen, *aber* und *sondern* verlangen ein Komma. Ein Unterschied zwischen den beiden Konjunktionstypen ist, dass *und* und *oder* wiederholbar sind (*Leo und Luise und Daniel kommen zu spät, die Schokolade wurde von Leo oder Luise oder Daniel aufgegessen*), *aber* und *sondern* sind nicht wiederholbar; sie eröffnen genau einen Gegensatz, zu weiteren Konjunktionen s. Aufgabe 5.

(9)   a. Nicht Luise, sondern Leo geht zum Fechten.
         Leo geht zur Schule, aber Luise gewinnt im Memory.
      b. das schöne und teure und lohnende Buch
      c. das schöne, aber teure(*, aber lohnende) Buch
      d. Er kam, aber heulte, *aber fluchte – er kam und heulte und fluchte
      e. Er verlor nicht, sondern unterbrach (und ärgerte alle/* , sondern ärgerte alle)

Zu dem bisher Gesagten passt auch, dass zwischen zwei vollständigen Hauptsätzen, den **Satzverbindungen**, ein Komma steht: Wenn sie nicht durch eine externe Grenze getrennt sind, werden sie durch eine interne getrennt. Vor der Rechtschreibreform galt die Sonderregel, dass bei Satzverbindungen *und* und Komma nicht einander ersetzten; eine Regelung, die nach Primus (1993:249) grammatisch nicht verständlich ist. Diese Annahme wird unterstützt durch eine von Primus zitierte Fehleranalyse, derzufolge bei diesem Komma die meisten ‚Fehler' von professionellen Schreibern auftreten. Mit der Neuregelung ist dieses Komma optional (Amtliche Regeln § 73); damit werden auch Satzverbindungen von Primus' Regel erfasst.

9.5 Herausstellungen

Herausstellungen und Parenthesen sind jeweils für sich weite Begriffe. Für beide gibt es unzählige Möglichkeiten, die wenig formale Gemeinsamkeiten haben. Es prädestiniert sie aber wohl beide für ein Komma, dass sie nicht syntaktisch in den übrigen Satz integriert sind; sie unterbrechen den Satz und induzieren eine Satzgrenze. Die Nicht-Integration kann dabei sehr unterschiedlich ausfallen:

(10)   a. Bundespräsident Köhler, der wurde gerade erst wiedergewählt.
       b. Die nächste Bundestagswahl – wir sind sehr gespannt – findet im September statt.

Im vorliegenden Abschnitt werden die Herausstellungen nach links und rechts thematisiert (10a), im nächsten (9.5) die Parenthesen (10b). Im Beispiel (10a) (Herausstellung nach links) findet sich im Matrixsatz ein Bezugswort, nämlich *der*. Ohne dieses könnte *Bundespräsident Köhler* das Subjekt sein (*Bundespräsident Köhler wurde wiedergewählt*). Andere typische Bezugswörter sind Pronominaladverbien (11a), das Pronomen *es* (11b), aber auch Ausdrücke wie *so* (11c), *auf diese Weise* (11d), *unter diesen Umständen* (11e) usw.

(11)   a. Porridge zum Frühstück, daran ist Luise gewöhnt.
       b. Sie liebt es, das morgendliche Herumtrödeln.
       c. Mit viel Schokolade, so lässt sich der Tag überstehen.
       d. Jeden Tag eine Seite, auf diese Weise werden viele Bücher geschrieben.
       e. 205 Regentage, unter diesen Umständen ist der Oldenburger Fahrradverkehr erstaunlich.

Weitgehend analog zu den Herausstellungen nach links – zumindest im Zusammenhang mit der Kommasetzung – sind die Herausstellungen nach rechts zu interpretieren.

(12)   a. Haben Sie ihn getroffen, den Bundespräsidenten?
       b. Er hat darauf geachtet, auf die Vorfahrtsregel.

c. Er hat sie aufgegessen, die ganze Schokolade.

d. Hast Du den Text wirklich im Flugzeug gelesen, Niklas?

e. Kinder, nun hört doch mal zu.

In (12d) und (12e) sind Anreden mit eingeschlossen (Amtliche Regeln §79). Syntaktisch sind dies ebenfalls Herausstellungen; eine funktionale Unterscheidung (zum Beispiel Anreden) verundeutlicht nach Primus (1993: 253) die Kommasetzung. Die Kommasetzung kann mit einer besonderen Intonationskontur korrelieren. Dies gilt auch für Parenthesen.

9.6 Parenthesen

Es geht hier nicht um eine syntaktische Bestimmung von Parenthesen (Pittner 1995), sondern vielmehr geht es um solche Parenthesen/ Einschübe, die nicht schon durch andere Kommaregeln erfasst werden. Damit sind die hier relevanten Parenthesen solche, die eingeschoben werden und dabei die syntaktische Struktur unterbrechen.

(13) a. In Oldenburg, dieses Jahr Stadt der Wissenschaft, regnet es häufig.

b. Leo, er ist Werder-Fan, ist traurig über Diegos Weggang.

In diesen Bereich fallen auch Konstruktionen, die in den Grammatiken als (lockere) Apposition (Eisenberg 2006b: 255) behandelt werden.

(14) a. In Oldenburg, Stadt der Wissenschaft 2009, wird fleißig studiert.

b. Luise, 8 Jahre alt, mag Seilspringen.

c. Jan, Heavy-Metal-Fan, interessiert sich für die Schreibung des Deutschen.

d. Kristian, gebürtig aus Cloppenburg, erforscht die Syntax des Niederdeutschen.

Besonders bei den Parenthesen und Einschüben des Typs in (14) konkurriert das Komma mit anderen Interpunktionszeichen, nämlich Gedankenstrichen und Klammern. Wesentlich für die hier vorgestellte Kommacharakteristik ist, dass überhaupt ein Interpunktionszeichen kommt.

9.7 Zusammenfassung: Eine Kommaregel

Auch für das Komma kann – wie für andere Satzzeichen – eine Regel angenommen werden (s.S.83). Diese eine Regel enthält zugegebenermaßen zwei Unterregeln, die durchaus unterschiedliche Fälle erfassen, nämlich die Markierung einer internen Satzgrenze und die Koordination. Beide Fälle können aber auch zusammenfallen, zum Beispiel bei Satzkoordination. Insofern erscheint es logisch, dass die beiden Unterregeln nicht unterschiedliche, sondern das gleiche Satzzeichen generieren, nämlich das Komma.

9.8 Die Interpunktion aus der Sprachverarbeitungssicht

Bredel interpretiert die Satzzeichen grundsätzlich als Verarbeitungshinweise für den Leser. Das ist eine neue Auffassung, und sicherlich zeitgemäß: Viele Eigenheiten des deutschen Schriftsystems wie die silbischen Schreibungen, die Morphemkonstanz und die Substantivgroßschreibung erschweren den Schreibprozess, erleichtern aber den Leseprozess. Auch für Interpunktionszeichen dürfte grundsätzlich gelten, dass sie den Schreibprozess erschweren. Dementsprechend ist ihre Funktion in der Erleichterung des Leseprozesses zu sehen. Die hier ausgewählten Zeichen geben Hinweise zur Verknüpfung, und zwar kurzgefasst die folgenden: Das Komma: Setze die satzinterne Verknüpfung fort. Der Punkt: Leere den syntaktischen Arbeitsspeicher. Mit dieser Leseanweisung sind auch die oben erwähnten, syntaktisch unvollständigen Sätze *Er wartete lang. Unendlich lange.* zu erfassen. Der Doppelpunkt instruiert den Leser, „mindestens eine Einheit der Vorgängerkonstruktion als syntaktisch/ thematisch offen zu interpretieren" (Bredel 2008: 203); der Doppelpunkt der direkten Rede ist hier eine Teilfunktion. Das Semikolon leitet ausschließlich zur Koordination an.

Besonders illustrativ ist folgende Beispielreihe, die Bredel (2008:175) angibt:

(14) a Der Mensch denkt. Gott lenkt.
     b. Der Mensch denkt; Gott lenkt.
     c. Der Mensch denkt, Gott lenkt.
     d. Der Mensch denkt: Gott lenkt.

Der Doppelpunkt kann dabei ausschließlich integrativ gelesen werden (,Der Mensch denkt, dass Gott lenkt'), das Semikolon kann ausschließlich koordinativ gelesen werden (,Der Mensch denkt und Gott lenkt'), das Komma kann beide Lesarten auslösen, der Punkt keine von beiden (Bredel 2008: 175f.). Damit wird auch sehr deutlich, dass die Satzzeichensetzung nicht allein von den jeweils abgetrennten Einheiten und ihrer Form abhängt, sondern wie sie sich in einer größeren Einheit verhalten, wie in den oben erwähnten unterschiedlichen Kommasetzungen bei kohärent und inkohärent konstruierten Infinitiven, s.S.88f. In diesem Sinn hat Bredel das gesamte Interpunktionssystem des Deutschen aus Sicht des Lesers rekonstruiert.

Aufgaben

1. Begründen Sie, warum sich vor der Rechtschreibreform ein Unterschied zwischen *sie pflegt immer zu spät zu kommen* und *sie glaubt, immer zu spät zu kommen* herausgebildet hat. (Nehmen Sie Konstruktionen wie *sie soll immer zu spät kommen* zu Hilfe.) Konstruieren Sie entsprechende Nebensätze (*dass sie ...*) und beschreiben Sie die Kommasetzung in den entsprechenden Nebensätzen.

2. Im Deutschen gibt es verschiedene Attribute wie (a) *das Dach auf dem Haus*, (b) *das Dach des Hauses*, (c) *das grüne Dach*, (d) *das Dach, das kaputt gegangen ist*. Warum steht in den ersten drei Beispielen kein Komma, wohl aber in dem vierten?

3. Beschreiben Sie den Unterschied zwischen *die vorderen geputzten Fenster* und *die vorderen, geputzten Fenster*. Konstruieren Sie drei weitere analoge Beispielpaare.

4. Einschübe werden nicht nur durch Kommas, sondern mitunter durch Gedankenstriche abgetrennt. Wie würden Sie jeweils die folgenden Einschübe interpunktieren und wie könnte Ihre Entscheidung zu begründen sein?

(a) *Sein Lebensstil ordentlich und beschaulich ödete sie an.*

(b) *Seine Art er ist sehr ordentlich gefällt ihr.*

(c) *Seine Art sie ist sehr ordentlich gefällt ihr.*

(d) *Seine Art die sehr ordentlich ist gefällt ihr.*

5. In den Amtlichen Regeln (§72) sind Koordinationskonjunktionen aufgelistet. Betrachten Sie diese und überlegen Sie sich, ob dies ‚echte koordinierende' Konjunktionen sind.

6. Gibt es nach den Amtlichen Regeln (§75) einen Unterschied zwischen der Kommasetzung in den beiden folgenden Sätzen?

(a) *Sie hatte darauf gehofft_ zu gewinnen.*

(b) *Sie hatte gehofft_ zu gewinnen.*

Begründen Sie die jeweilige Lösung.

Weiterführende Literatur

Bredel (2005); Bredel (2008); Eisenberg (1979); Eisenberg/Feilke/Menzel (2005); Primus (1993); Primus (i.V.).

Literatur

Altmann, Hans/Ziegenhain, Ute (2002): Phonetik, Phonologie und Graphemik fürs Examen. Wiesbaden: Westdeutscher Verlag.

Augst, Gerhard (Hg.) (1992): Rechtschreibliteratur. Bibliographie zur wissenschaftlichen Literatur über die Rechtschreibung und Rechtschreibreform der neuhochdeutschen Standardsprache, erschienen 1900-1990. Frankfurt/M.: Lang.

Amtliche Regeln (2006): www.rechtschreibrat.com.

Behrens, Ulrike (1989): Wenn nicht alle Zeichen trügen. Interpunktion als Markierung syntaktischer Konstruktionen. Frankfurt/M.: Lang.

Bibliographie zur deutschen Grammatik: http://hypermedia.ids-mannheim.de

Bredel, Ursula (2005): Zur Geschichte der Interpunktionskonzeption des Deutschen – dargestellt an der Kodifizierung des Punktes. In: Zeitschrift für Germanistische Linguistik 33, 179-211.

Bredel, Ursula (2008): Die Interpunktion des Deutschen. Tübingen: Niemeyer.

Bredel, Ursula/Günther, Hartmut (2000): Quer über das Feld das Kopfadjunkt. In: Zeitschrift für Sprachwissenschaft 19/1, 103-110.

Bredel, Ursula/Hinney Gabriele/Müller, Astrid (Hgg.): Schriftkompetenz und Schriftsystem: linguistisch, empirisch, didaktisch. Tübingen: Niemeye

Brockhaus, Wiebke (1995): Final devoicing in the phonology of German. Tübingen: Niemeyer.

Butt, Matthias/Eisenberg, Peter (1990): Schreibsilbe und Sprechsilbe. In: Stetter, Christian (Hg.): Zu einer Theorie der Orthographie. Tübingen: Niemeyer, 33-64.

Duden 1 (1996^{21}): Die Rechtschreibung. Mannheim: Duden.

Duden 4 (2005^{7}): Grammatik. Mannheim: Duden.

Duden 9 (2001^{5}): Zweifelsfälle der deutschen Sprache. Mannheim: Duden.

Dürscheid, Christa (^{3}2006): Einführung in die Schriftlinguistik. Göttingen: Vandenhoek & Ruprecht.

Eisenberg, Peter (1979): Grammatik oder Rhetorik? Über die Motiviertheit unserer Zeichensetzung. In: Zeitschrift für Germanistische Linguistik 7, 323-337.

Eisenberg, Peter (1981): Substantiv oder Eigenname? Über die Prinzipien unserer Regeln zur Groß- und Kleinschreibung. In: Linguistische Berichte 72, 77-101.

Eisenberg, Peter (2002): Ansätze zur systematischen Beschreibung der Fremdwortorthographie. Die Gemination von Konsonantenbuchstaben. In: Bommes, Michael/Noack, Christina/Tophinke, Doris (Hgg.): Sprache als Form. Wiesbaden: Westdeutscher Verlag, 121-136.

Eisenberg, Peter (2006a^{3}): Grundriss der deutschen Grammatik: Das Wort. Stuttgart: Metzler.

Eisenberg, Peter (2006b^{3}): Grundriß der deutschen Grammatik: Der Satz. Stuttgart: Metzler.

Eisenberg, Peter/Feilke, Helmut/Menzel, Wolfgang (2005): Zeichen setzen – Interpunktion. In: Praxis Deutsch 32/1182, 6-15.

Fleischer, Wolfgang (1982^{5}): Wortbildung der deutschen Gegenwartssprache. Tübingen: Niemeyer.

Fuhrhop, Nanna (1998): Grenzfälle morphologischer Einheiten. Tübingen: Stauffenburg.

Fuhrhop, Nanna (2003): ‚Berliner' Luft und ‚Potsdamer' Bürgermeister: Zur Grammatik der Stadtadjektive. In: Linguistische Berichte 193, 91-108.

Fuhrhop, Nanna (2007): Zwischen Wort und Syntagma. Zur grammatischen Fundierung der Getrennt- und Zusammenschreibung. Tübingen: Niemeyer.

Fuhrhop, Nanna (i.E.): Getrennt- und Zusammenschreibung: Kern und Peripherie. Erscheint in: Bredel/Hinney/Müller.

Fuhrhop, Nanna/Buchmann, Franziska (2009): Die Längenhierarchie: Zum Bau der graphematischen Silbe. In: Linguistische Berichte 218, 127-155.

Gallmann, Peter (1997): Konzepte der Nominalität. In: Augst, Gerhard/Blüml, Karl/Nerius, Dieter/Sitta, Hans (Hgg.): Zur Neuregelung der deutschen Orthographie. Begründung und Kritik. Tübingen: Niemeyer, 209-241.

Gallmann, Peter (1999): Wortbegriff und Nomen-Verb-Verbindungen. In: Zeitschrift für Sprachwissenschaft 18/2, 269-304.

Gallmann, Peter (2000): Kopfzerbrechen wegen Kopfadjunkten. In: Zeitschrift für Sprachwissenschaft 19/1, 111-113.

Gallmann, Peter/Sitta, Horst (1996): Die Neuregelung der deutschen Rechtschreibung. Regeln, Kommentar und Verzeichnis wichtiger Neuschreibungen. Mannheim: Duden.

Gfroerer, Stefan/Günther, Hartmut/Bock, Michael (1989): Augenbewegung und Substantivgroßschreibung – Eine Pilotstudie. In: Eisenberg, Peter/Günther, Hartmut: Schriftsystem und Orthographie. Tübingen: Niemeyer, 111-135.

Günther, Hartmut (1997): Zur grammatischen Basis der Getrennt- und Zusammenschreibung im Deutschen. In: Dürscheid, Christa/Ramers, Karl Heinz/Schwarz, Monika (Hgg.): Sprache im Fokus. Festschrift für Heinz Vater zum 65. Geburtstag. Tübingen: Niemeyer, 3-16.

Günther, Hartmut/Ludwig, Otto (Hgg.) (1996): Schrift und Schriftlichkeit. Ein internationales Handbuch interdisziplinärer Forschung. Berlin: de Gruyter.

Günther, Hartmut/Nünke, Ellen (2005): Warum das Kleine groß geschrieben wird, wie man das lernt und wie man das lehrt. Kölner Beiträge zur Sprachdidaktik 1/2005. http://www.uni-koeln.de/ew-fak/Deutsch/projekte/koebes/

Hall, Tracy Allan (2000): Phonologie: eine Einführung. Berlin: de Gruyter.

Jacobs, Joachim (2005): Spatien. Zum System der Getrennt- und Zusammenschreibung im heutigen Deutsch. Berlin: de Gruyter.

Kohrt, Manfred (1987): Theoretische Aspekte der deutschen Orthographie. Tübingen: Niemeyer.

Lüdeling, Anke (2001): On Particle Verbs and Similar Constructions in German. Stanford: CSLI Publications.

Maas, Utz (1992): Grundzüge der deutschen Orthographie. Tübingen: Niemeyer.

Mater, Erich (1989[6]): Rückläufiges Wörterbuch der deutschen Gegenwartssprache. Leipzig: Bibliographisches Institut.

Meibauer, Jörg u.a. ([2]2007): Einführung in die germanistische Linguistik. Stuttgart: Metzler.

Meisenburg, Trudel (1992): Graphische und phonische Integration von Fremdwörtern am Beispiel des Spanischen. In: Zeitschrift für Sprachwissenschaft 11/1, 47-67.

Mentrup, Wolfgang (1983): Zur Zeichensetzung im Deutschen – Die Regeln und ihre Reform. Tübingen: Narr.

Munske, Horst Haider (1997): Orthographie als Sprachkultur. Frankfurt/M.: Lang.

Neef, Martin (2005): Die Graphematik des Deutschen. Tübingen: Niemeyer.

Nerius, Dieter u.a. (2007⁴): Deutsche Orthographie. Hildsheim: Olms.

Pfeifer, Wolfgang (1993²): Etymologisches Wörterbuch. Erarbeitet von einem Autorenkollektiv des Zentralinstituts für Sprachwissenschaft unter der Leitung von Wolfgang Pfeifer. Berlin: dtv.

Pittner, Karin (1995): Zur Syntax von Parenthesen. In: Linguistische Berichte 156, 85-108.

Primus, Beatrice (1993): Sprachnorm und Sprachregularität: Das Komma im Deutschen. In: Deutsche Sprache 21, 244-263.

Primus, Beatrice (2003): Zum Silbenbegriff in der Schrift-, Laut- und Gebärdensprache. In: Zeitschrift für Sprachwissenschaft 22/1, 3-55.

Primus (i.V.): Schriftstrukturelle Grundlagen des deutschen Sprachsystems. In: Bredel/Hinney/Müller.

Ramers Karl-Heinz (1999): Vokalquantität als orthographisches Problem: Zur Funktion der Doppelkonsonanzschreibung im Deutschen. In: Linguistische Berichte 177, 350-360.

Ruge, Nikolaus (2004): Aufkommen und Durchsetzung morphembezogener Scheibungen im Deutschen 1500-1770. Heidelberg: Winter.

Seelig, Barbara (2002): Probleme und Tendenzen des deutschen Sprachgebrauchs. Ein Ergebnisbericht der Sprachberatungsstelle ‚Grammatisches Telefon Potsdam‘ aus dem Zeitraum Juni 1997 bis Dezember 2000. In: Sprachreport 2002/2, 2-7.

Stetter, Christian (1990): Die Groß- und Kleinschreibung im Deutschen. Zur sprachanalytischen Begründung einer Theorie der Orthographie. In: Stetter, Christian (Hg.): Zu einer Theorie der Orthographie. Tübingen: Niemeyer, 196-220.

Theissen, Siegfried et al. (1992): Rückläufiges Wörterbuch des Deutschen. Liège: Centre informatique de philosophie et lettres.

Teuber, Oliver (1998): *fasel, beschreib, erwähn* – Der Inflektiv als Wortform im Deutschen. In: Germanistische Linguistik 141-142, 7-26.

Vennemann, Theo (1991): Skizze der deutschen Wortprosodie. In: Zeitschrift für Sprachwissenschaft 10/1, 86-111.

Voeste, Anja (2008): Orthographie und Innovation. Die Segmentierung des Wortes im 16. Jahrhundert. Hildesheim: Olms.

Vogel, Petra (1997): Unflektierte Adjektive im Deutschen: Zum Verhältnis von semantischer Struktur und syntaktischer Funktion und ein Vergleich mit flektierten Adjektiven. In: Sprachwissenschaft 22, 403–433.

Weingarten, Rüdiger/Günther, Hartmut (1998): Schriftspracherwerb. Baltmannsweiler: Schneider Hohengehren.

Zeller, Jochen (2001): Particle Verbs and Local Domains. Amsterdam: Benjamins.

Zifonun, Gisela/Hoffmann Ludger/Strecker, Bruno u.a. (1997): Grammatik der deutschen Sprache. Berlin: de Gruyter.

Sachregister

Glossar

Dehnung – Schärfung bestimmte Schreibmechanismen, die über die Vokalquantität Auskunft geben

Geminate Verdoppelung, in der Graphematik des Deutschen vor allem für Doppelkonsonanten benutzter Fachbegriff

Graphem kleinste bedeutungsunterscheidende Einheit in der geschriebenen Sprache

Hauptsatz vollständiger selbständiger Satz, im Deutschen meistens mit Verbzweitstellung

Infinitiv Grundform des Verbs, unflektiert nach Person u. Numerus

Infinitivgruppe enthält einen Infinitiv, ist satzartig, aber ohne Subjekt

Inkorporation spezieller Wortbildungsprozess, bei dem ein Wort mit einer von ihm regierten Einheit ein komplexes Wort bildet, zum Beispiel *stattdessen*

Kohärenz – Inkohärenz: hier für Infinitivkonstruktionen, kohärente Konstruktionen lassen keine Herausstellung zu

Komposition Wortbildungsprozess, bei dem zwei (oder mehr) selbstständige Stämme zu einem Stamm zusammengesetzt werden

Längenausgleich Verhältnis zwischen Vokal und Silbenendrand in betonten, morphologisch einfachen Silben

Minimalpaar zwei Wörter mit unterschiedlicher Bedeutung, die sich durch genau ein Phonem/ Graphem voneinander unterscheiden

Morphem kleinste bedeutungstragende Einheit

Morphemkonstanz Prinzip in der Schreibung, morphologisch verwandte Formen ähnlich oder gleich zu schreiben, auch wenn die Lautsubstanz eine andere Schreibung nahelegt

Nebensatz vollständiger Satz, häufig eingeleitet, im Deutschen häufig Verbendstellung, übernimmt in einer größeren Einheit eine syntaktische Funktion

Partikelverb morphologisch und syntaktisch trennbares Verb

Phonem kleinste bedeutungsunterscheidende Einheit in der gesprochenen Sprache

Relationsprinzip hier eingeführtes Prinzip der Getrenntschreibung, beruht auf syntaktischen Relationen

Rückbildung spezieller Wortbildungsprozess, bei dem ein komplexes Wort auf eine andere Weise reanalysiert wird als es gebildet wurde, so können neue Wörter entstehen, wie *bausparen*

Satz Phrase, die ein finites Verb enthält und die Ergänzungen, die dieses Verb verlangt

Satzverbindung Verbindung zweier (oder mehrerer) Hauptsätze

Silbe Verbindung von Phonemen (Sprechsilbe) oder Graphemen (Schreibsilbe), die bestimmten Regularitäten folgt

Silbenschnitt alternative Sicht zur Dehnung/Schärfung; sanft und scharf geschnittene Silben

Sonorität Schallfülle oder Öffnungsgrad von Lauten, spielt beim Silbenbau eine entscheidende Rolle

Univerbierung Wörter, die häufig zusammen auftreten, wachsen sprachhistorisch zusammen, zum Beispiel *aufgrund*

Verschmelzung ursprünglich als Verbindung einer Präposition mit dem (best.) Artikel (*am, zum* usw.), synchron ist eine solche Analyse häufig nicht angemessen

Wortbildungsprinzip hier eingeführtes Prinzip der Zusammenschreibung, wesentliches Prinzip, um festzustellen, ob mehrere Stämme ein graphematisches Wort bilden